AF619408

STÉNOGRAPHIE
DES COURS.

SEMESTRE D'ÉTÉ.

ANNÉE SCOLAIRE 1835—1836.

BIBLIOTHÈQUE ROYALE
I

COURS
D'HISTOIRE NATURELLE MÉDICALE.

M. RICHARD, PROFESSEUR.

PREMIÈRE LEÇON.

5 avril 1836.

Messieurs,

Le cours que j'ai l'honneur de commencer aujourd'hui devant vous, a pour but de vous faire connaître l'histoire naturelle, appliquée particulièrement à la médecine.

Comme ce cours est spécialement destiné aux élèves de première année, il sera très-élémentaire.

L'histoire naturelle est une branche de la physique générale. Cette science embrasse ce que nous appelons la nature, s'occupe particulièrement de

5186

tous les corps terrestres, et nous fait voir quelles sont les différences que ces corps présentent entre eux.

De cette science ressort aussi l'étude de l'homme, sur l'anatomie et la physiologie duquel elle peut souvent jeter un fort grand jour.

Nous venons de dire que l'histoire naturelle s'occupait des corps terrestres, voyons d'abord quelle est la nature de ces corps.

Les corps terrestres sont de deux sortes, et se divisent en deux grandes séries :

La première comprend ce qu'on appelle les corps bruts ;

La deuxième comprend les corps vivans.

Le volume des corps bruts peut aller en s'accroissant d'une manière indéfinie.

On les appelle aussi corps inorganiques.

Dans la composition des corps vivans entrent des organes composés de fibres qui exécutent certains mouvemens. Les corps inorganiques en sont dépourvus ; il existe donc une bien grande différence entre ceux-ci et les corps organisés.

Dans les corps inorganiques, la durée est, au contraire, tout-à-fait illimitée.

L'accroissement offre aussi des différences très-grandes.

Dans les corps vivans, chez l'homme, par exemple, le volume et l'accroissement sont circonscrits dans certaines bornes, qu'il leur est impossible de dépasser.

Il n'en est pas de même dans les corps inorganiques ; car, tant que de nouvelles molécules pourront s'ajouter à l'extérieur, les corps s'accroîtront, et leur accroissement ne sera pas arrêté.

Leur structure présente aussi des différences non moins grandes : dans les corps bruts, elle est en général très-simple ; dans les corps organisés, au contraire, elle est ordinairement fort compliquée.

Enfin, il y a encore un dernier caractère qui peut être indiqué pour distinguer les corps bruts des corps vivans ; c'est l'irritabilité que les corps organisés possèdent. Dans les corps inorganiques vous ne trouvez rien de semblable ; ces corps sont particulièrement remarquables par leur inertie. Telles sont là les principales différences qui existent entre ces deux sortes de corps.

Les corps bruts comprennent les *minéraux*. Les corps vivans comprennent les *végétaux* et les *animaux*.

Maintenant, établissons quelques différences entre ces deux dernières classes que forment les corps vivans.

Les corps organisés ont d'abord deux grandes fonctions en commun : ces corps, végétaux ou animaux, se nourrissent ; ils absorbent les matières qui sont destinées à leur accroissement. Voilà donc une première fonction commune aux végétaux et aux animaux : c'est la fonction de nutrition. La seconde est la faculté de reproduction. Ces deux fonctions constituent ce que nous appelons les fonctions vitales.

Les animaux ayant des besoins plus nombreux

à satisfaire, les fonctions se compliquent considérablement chez eux : ils ont des organes qui sont propres à les mettre en rapport avec tous les objets qui les environnent : ils jouissent, en un mot, de deux grandes propriétés, dont toutes les plantes sont privées; ces deux grandes propriétés sont: la sensibilité et la locomotilité.

Ainsi, si nous fesons attention à l'anatomie des animaux et des plantes, nous verrons qu'en général l'organisation des plantes est beaucoup plus simple que celle des animaux.

C'est à l'aide de cette différence d'organisation que tous les naturalistes modernes ont divisé les corps organisés, en ces deux grandes séries : les plantes et les animaux.

Avant d'entrer tout-à-fait en matière, je dois vous faire connaître quelle est la marche que nous comptons suivre dans le cours que nous commençons aujourd'hui.

Si vous pensez un instant à l'innombrable quantité de corps qui composent la nature, vous devrez convenir que l'histoire naturelle est la science la plus immense que l'esprit puisse concevoir : aussi l'histoire naturelle a-t-elle été partagée en trois grandes sciences :

L'histoire naturelle des substances brutes, ou *minéralogie* ;

L'histoire naturelle des plantes, ou *botanique* ;

L'histoire naturelle des animaux, ou *zoologie*.

Et maintenant chacune de ces sciences est elle-même si étendue, qu'on l'a divisée en des branches qui sont encore assez vastes.

L'histoire naturelle nous apprend aussi à connaître les alimens, les médicamens, les poisons. Et par là, elle nous intéresse grandement, sous le rapport médical.

Je partagerai mon cours en trois parties, comme l'histoire naturelle elle-même ; c'est-à-dire que je le diviserai en étude de la minéralogie, de la zoologie, et de la botanique.

Mais je dois avant tout vous faire connaître ce qu'on appelle un *caractère* en histoire naturelle.

Un *caractère*, en histoire naturelle, est la réunion, en quelque sorte, des différences qui peuvent exister dans divers corps que l'on compare, dans les diverses parties dont ces corps sont composés.

Pour trouver ces caractères dans les corps bruts, il faut commencer d'abord par examiner avec un grand soin les propriétés de ces corps, en remarquer toutes les différences et les réunir.

Dans les corps organisés, les caractères sont l'organisation elle-même, c'est-à-dire que ce sont non seulement toutes les parties qui composent ces corps, mais encore toutes les modifications que ces corps peuvent présenter.

Dans la prochaine leçon, nous traiterons particulièrement de la botanique.

DEUXIÈME LEÇON.

7 avril 1836.

L'histoire naturelle, je vous l'ai déjà dit, se divise en trois parties principales.

Mon cours, vous le savez aussi, sera, comme l'histoire naturelle, divisée en trois parties que nous étudierons chacune séparément.

Nous commencerons par la botanique.

La botanique est cette branche de l'histoire naturelle qui a pour objet l'étude des végétaux ; elle nous apprend à connaître leur structure, les fonctions de leurs organes, et nous fait aussi saisir les rapports qui les unissent.

Examinons d'abord les fonctions des organes. La vie se compose de deux grandes fonctions : la nutrition et la reproduction.

La nutrition est la fonction par laquelle les organes absorbent les alimens. La reproduction est la fonction par laquelle les végétaux donnent naissance à d'autres individus qui doivent perpétuer leur espèce. Tous les organes concourent à l'une ou l'autre de ces deux fonctions.

Mais, avant d'aller plus loin, je crois devoir vous donner quelques conseils sur l'étude de l'histoire naturelle.

Il faut, en général, dans l'étude de l'histoire naturelle, 'procéder méthodiquement. La botanique a pour but de nous faire parvenir à distinguer les plantes ; pour y arriver, il faut nécessairement connaître les caractères de ces plantes ; car ces caractères sont en général, comme je vous l'ai dit, l'expression des différences qui existent entre elles.

Si je veux distinguer un poirier d'un chêne, je comparerai tous les organes du poirier avec les organes du chêne ; je rapprocherai les feuilles du poirier de celles du chêne ; je ferai de même pour tous les organes de ces deux corps, et je tirerai des différences existantes, ce qu'on appelle le caractère distinctif de ces deux êtres.

Il faut connaître les modifications des organes ; il faut se familiariser avec les expressions qu'emploient les naturalistes ; et quand on connait l'organisation d'une plante ; quand on s'est fait une méthode, et qu'on s'est bien pénétré de cette méthode, on sait la botanique.

Je dois vous avertir ensuite de ne pas croire que pour apprendre une science, il suffise de suivre un cours. Les cours sont destinés seulement à vous donner les moyens d'apprendre les sciences.

Pour apprendre la botanique, il faut d'abord suivre un cours, et ensuite on doit renouveler les expériences qui ont été faites à ce cours, et aller dans les jardins, dans la campagne, examiner les plantes avec attention.

Il y a un préjugé que je voudrais tâcher de faire disparaître.

La botanique comprend la connaissance de quatre-vingt mille espèces : cette multitude immense de noms effraie, rebute l'élève, le dégoûte de cette science. Si la botanique consistait dans la connaissance de chacun de ces noms, personne ne pourrait se dire botaniste ; car personne ne peut avoir une mémoire assez prodigieuse pour retenir quatre-vingt mille expressions aussi difficiles que celles de la botanique.

La botanique est une science qui traite d'objets nouveaux, d'objets qui, en quelque sorte, n'appartiennent qu'à elle ; aussi a-t-elle un langage qui lui est propre, comme presque toutes les sciences. Ce langage, dont on s'effraie à tort, est facile à connaître ; sa connaissance consiste dans l'étude de la structure des plantes et la modification de leurs organes.

Revenons aux organes des plantes ; je vous ai dit tout-à-l'heure que ces organes se partagent en deux classes ; la première de ces classes comprend les organes de la nutrition, et la seconde ceux de la reproduction.

Trois organes contribuent à la fonction de nutrition.

Ces trois organes sont : la *racine*, la *tige* et la *feuille*. Parmi ces trois organes, il y en a deux qui contribuent beaucoup plus que l'autre à la fonction de nutrition ; ce sont la racine et la feuille.

Quand à la tige, elle ne doit être considérée que comme un canal établi entre les deux autres organes, par lequel passent les sucs nourriciers que la racine prend dans la terre, et qui vont de là se répandre dans la feuille. La racine du végétal est la partie qui est plongée dans la terre, et qui sert à l'y fixer.

On distingue dans la racine trois parties essentielles ; ces trois parties sont : le *corps*, le *collet ou nœud vital*, et le *chevelu*.

Le corps est la partie moyenne de la racine ; le collet ou nœud vital, est le point de démarcation entre la tige qui monte et la racine qui descend. Les filamens plus ou moins nombreux qui terminent ordinairement la racine, forment ce qu'on appelle le chevelu ou *radicelles*, organe dont très peu de plantes sont dépourvues.

Le chevelu de la racine, dans certaines plantes, dans le thym, par exemple, est extrêmement développé.

Les fibres dont le chevelu se compose, se terminent quelquefois à leur extrémité inférieure, par de petits renflemens qu'on appelle les *spongioles*.

Il y a une chose fort remarquable dans le chevelu : c'est que, quand il est plongé dans le sein de la terre, il forme une espèce de suçoir, et quand il vient à être exposé à la surface du sol, il se change en feuilles. De plus, le chevelu se reproduit tous les ans, à la manière des feuilles ; il n'y a donc de différence, entre le chevelu et les feuilles, que celles produites par la position que ces organes occupent.

M. Duhamel a fait, à ce sujet, une expérience fort curieuse, qui justifie ce que j'avance. Il a pris un jeune saule qu'il a renversé; le chevelu une fois à l'air, est tombé, et a ensuite donné naissance à des feuilles; plongées dans la terre, les feuilles sont aussi tombées, et ont donné naissance à des radicelles.

Mais revenons à la racine : on distingue quatre espèces de racines :

1° Les *racines pivotantes*, qui sont celles qui s'enfoncent perpendiculairement dans la terre, on ne les rencontre que dans les végétaux dicotylédons;

2° Les *racines fibreuses*, qui sont uniquement composées de fibres, plus ou moins nombreuses;

3° Les *racines tubérifères*, qui présentent sur différens points des tubercules plus ou moins nombreux;

4° Les *racines bulbifères*, qui sont formées par une sorte de tubercule, appelé *plateau*, qui donne naissance à des fibres, par sa partie inférieure, et à des bulbes formées d'écailles, par sa partie supérieure.

Je vous ai dit que la partie de la plante appelée racine était ordinairement enfoncée dans la terre; mais il y a des exceptions. Les racines vivent aussi dans l'eau, et celles qui sont de ce nombre s'appellent *racines aquatiques*. Les premières, qui vivent dans la terre, ont été appelées racines *terrestres*.

Dans les racines aquatiques, il y a deux espèces

de racines : l'une qui fixe la plante au sol, et l'autre qui flotte au milieu de l'eau.

Il y a encore d'autres racines, auxquelles on a donné le nom de *racines aériennes ;* ces racines sont celles qui naissent dans certains végétaux, sur les parties exposées à l'air, et qui descendent perpendiculairement jusque dans la terre.

De plus, on a distingué, sous le nom de *racines annuelles*, les racines qui appartiennent à celles des plantes qui ne vivent qu'une année; et, sous celui de *racines bisannuelles*, les racines qui appartiennent aux plantes qui, comme la carotte, par exemple, ne produisent la première année que des feuilles, et qui meurent la seconde année après avoir donné des fleurs et des fruits; et enfin, sous le nom de *racines vivaces*, celles qui vivent plusieurs années, et qui appartiennent aux plantes dont la tige, qui est herbacée, meurt tous les ans; et celles qui durent fort long-temps, et qui appartiennent aux plantes dont la tige vit aussi un grand nombre d'années. Ces dernières racines sont appelées *racines ligneuses ;* elles diffèrent des premières, en ce qu'elles ont une consistance plus solide, en ce que leur tige ne meurt pas chaque année.

Il y a une chose fort remarquable, c'est que beaucoup d'arbres qui sont ligneux dans certains pays, c'est-à-dire, dont la racine et la tige vivent fort long-temps, deviennent annuels dans d'autres.

Le ricin ou palma-christi, que vous connaissez tous, en Afrique est un arbre ligneux, et en

France il ne forme plus qu'une plante herbacée, plante qui meurt tous les *ans*; mais cependant, quand en France on empêche le ricin de fleurir la première année, il peut devenir un arbre ligneux.

J'ai vu sur une montagne, à Villefranche, il y a quelques années, un petit bois formé de palma-christi. Leur tige est ligneuse, dure; il y en a qui ont jusqu'à vingt-cinq pieds d'élévation, mais il est vrai que le climat, dans cette partie méridionale de la France, se rapproche un peu du climat de l'Afrique.

On peut changer la durée des plantes par certains procédés; le meilleur, c'est d'empêcher ces plantes de fleurir.

Les capucines sont vivaces, mais on en voit beaucoup de ligneuses; cela vient de ce qu'on les a empêchées de fleurir la première année. Il en est de même du réséda : on le rend ligneux par ce procédé.

Mais il y a une chose dont j'ai oublié de vous parler : j'ai oublié de vous dire (et ceci est très important) de ne pas prendre toutes les parties des plantes qui se trouvent dans la terre pour des racines. Il y a parmi elles des *tiges souterraines*. Dans le chiendent, par exemple, ce n'est pas une racine, mais une *tige souterraine*, qu'on emploie en médecine. Cette *tige souterraine* est ce qu'on appelle une *souche*.

Nous insisterons plus particulièrement sur ce point quand nous parlerons de la tige. Mais je vous dirai, avant tout, qu'il est très facile de reconnaître les *tiges souterraines* ; car elles croissent toutes horizontalement, tandis que les racines s'enfoncent perpendiculairement dans la terre.

Passons à présent aux usages des racines : la racine sert à fixer le végétal au sol, et à absorber les sucs qui sont nécessaires à sa nutrition. Voilà quels sont ses usages. Il y a cependant des racines qui ne remplissent que la première de ces deux fonctions.

Certaines plantes qui vivent sur les rochers n'ont qu'une racine extrêmement petite, qui évidemment ne sert qu'à les fixer au sol.

Il y a dans les serres du Muséum d'histoire naturelle un magnifique cierge du Pérou (*cactus peruvianus*), Cette arbre pousse avec beaucoup de vigueur, et souvent avec beaucoup de rapidité des rameanx énormes, et sa racine est renfermée dans une petite caisse qui contient à peine trois à quatre pieds cubes d'une terre que l'on ne renouvelle et n'arrose jamais. Il y a donc certaines plantes dont la racine ne sert qu'à les fixer au sol.

C'est uniquement par les extrémités de leurs fibres que les racines puisent dans le sol les matériaux qui doivent servir à leur nutrition.

Les grosseurs des racines ne sont pas toujours en proportion avec les tiges. Des arbres qui parviennent à une hauteur très considérable, ont la racine très faible. Le palmier est un de ces arbres. Sa racine est extrêmement petite, et sa tige acquiert une hauteur de plus de cent pieds. La luzerne et l'*ononis arvensis*, ont au contraire, une fort petite tige, et des racines qui atteignent une longueur de vingt à vingt-cinq pieds. Il en est de même de la réglisse, dont nous nous servons en médecine ; ses racines, dans la même année, acquièrent une longueur de vingt-cinq à trente pieds.

Un caractère fort remarquable de la racine, c'est la tendance de cet organe à se diriger vers le centre de la terre

Les physiologistes ont cherché la cause de cette tendance. Quelques auteurs ont dit : il n'est pas extraordinaire que les racines tendent à descendre vers le centre de la terre, où elles trouvent l'humidité dont elles ont besoin.

M. Duhamel a fait, à ce sujet, une expérience fort curieuse, qui montre qne ce n'est pas là la cause de la tendance de la racine : il a pris deux petites éponges imbibées d'eau, et les ayant rapprochées l'une de l'autre, il a fait germer des graines entre elles ; la radicule au lieu de se porter vers aucune de ces deux éponges, s'est dirigée, au contraire, vers le centre de la terre.

On a dit alors : c'est la terre qui attire à elle seule la racine. On a fait une autre expérience qui démontre que ce n'est pas encore l'attraction de la terre qui fait descendre la racine. On a pris une caisse, on l'a élevée, et puis, après y avoir mis des graines, on y a fait des trous à la partie inférieure. Si la terre avait quelque pouvoir sur la direction que prend la racine, lorsque ces graines germèrent, elle en aurait retenu les racines dans son sein. Ces racines descendirent dans l'air, ce qui prouve que la terre n'exerce aucune attraction sur elles. C'est une force tout-à-fait inconnue, mais dont la puissance est extrême.

Il y a certaines plantes qui, comme vous le savez, végètent sur les autres, et qu'on appelle pour ce motif *plantes parasites*. Ces plantes naissent sur les pommiers, sur les chênes et sur d'autres arbres encore. Les radicules des graines, qui donnent naissance à ces plantes, n'obéissent nullement à la tendance de descendre qu'ont les racines des autres plantes.

Le gui, qui pousse sur le chêne, sur le pommier, a une radicule dont la forme est toute particulière. Cette radicule, qui n'obéit jamais à la tendance de descendre, est évasée. J'ai remarqué, de plus, qu'elle fuit la lumière, et qu'elle semble chercher les endroits les plus obscurs.

Mais il est constant que toutes les racines, sauf ces exceptions, tendent toujours à s'enfoncer vers le centre de la terre.

TROISIEME LEÇON.

9 avril 1836.

Dans la dernière leçon, je vous ai parlé de la racine; c'est un organe absorbant, mais l'absorption se fait par ses extrémités seulement; j'ai ajouté : il y a trois parties essentielles dans la racine; ces trois parties sont : le corps ou partie moyennne; le collet ou nœud vital, qui est le point de démarcation entre la tige qui monte, et la racine qui descend; et enfin, le chevelu, formé par les filamens plus ou moins nombreux, qui terminent ordinairement la racine. Le chevelu est la partie la plus importante de la racine, à cause de ses fonctions, et il existe entre le chevelu et la feuille une très-grande analogie : la fonction de l'absorption est commune à ces deux organes. De plus, le chevelu, quand on le met à l'air, donne naissance à des feuilles; et les feuilles, mises en terre, donnent naissance à des filamens. Je vous ai enfin rappelé des expériences qui prouvent que la racine a une tendance, pour ainsi dire invincible, à s'enfoncer vers le centre de la terre, tendance dont la cause nous est entièrement inconnue.

Maintenant nous allons examiner un autre organe, la tige, qui doit être considérée comme cette partie de la plante qui, croissant en sens opposé à la racine, se divise en ramifications plus ou moins nombreuses, et sert de support aux feuilles, aux fleurs, et à tous les organes qui doivent se développer dans l'air.

Il y a certaines plantes, dont la tige est si courte, qu'elle semble ne pas exister. La primevère, par exemple, qui croît dans les jardins. Ces plantes ont été nommées sans tige ou *acaules*.

Il ne faut pas confondre avec la véritable tige le pédoncule. Il y a deux sortes de *pédoncules :* le *pédoncule radical* et la *hampe*. Le *pédoncule radical* ne porte point de feuilles, et sort de l'aisselle de l'une des feuilles radicales. La *hampe* est un pédoncule floral nu, qui ne porte pas de feuilles, qui sort dn collet de la racine, et qui est terminé par une ou plusieurs fleurs, comme le pédoncule de la jacinthe, par exemple.

Si l'on examine attentivement plusieurs de ces plantes acaules, on verra qu'elles ont une tige. Prenez une primevère, regardez-en la partie inférieure qui se trouve plongée dans la terre, et vous apercevrez une espèce de petit corps, duquel naissent les feuilles radicales.

Passons maintenant à l'examen des différentes espèces de tiges. Il y a cinq espèces de tiges. Ces cinq espèces sont : 1° le *tronc* (truncus); 2° le *stipe* (stipes); 3° le *chaume* (culmus); 4° la *souche* ou *rhizoma*; 5° la *tige* proprement dite.

Le tronc est une tige ligneuse; c'est la tige des

arbres de nos forêts, du chêne, du sapin, etc. Cette tige présente les caractères suivans : elle est plus ou moins cylindrique dans sa partie inférieure, va en diminuant dans sa partie supérieure, et se divise en branches et en rameaux à cette dernière partie. Le tronc appartient aux arbres dicotylédonés, et se compose de couches concentriques emboitées les unes dans les autres. Si vous prenez un tronc de chêne coupé transversalement, vous y verrez au centre le canal *médullaire* formé de l'étui *médullaire* qui constitue les parois de ce canal ; puis, à sa circonférence, vous apercevez l'*écorce*, qui se compose de l'*épiderme*, et enfin, entre l'*étui médullaire* et l'écorce, les *couches ligneuses*.

Arrivons au *stipe*, en latin *stipes ;* cette tige appartient aux monocotylédons. Elle est ordinairement cylindrique dans toute son étendue, c'est-à-dire qu'elle est aussi grosse à sa base qu'à son sommet. De plus, elle ne se divise que très-rarement en branches à son extrémité supérieure; elle est seulement couronnée par quelques feuilles. Telle est la tige du palmier.

Un autre caractère remarquable du *stipe*, c'est son organisation.

Si vous examinez la tige d'un palmier, vous verrez d'abord qu'elle ne présente pas cette régularité qui existe dans l'organisation de la tige du chêne; vous n'y découvrirez pas ces cercles emboîtés avec symétrie les uns dans les autres. Toutes les parties de cette tige sont confondues, et toutes les fibres ligneuses, au lieu d'être réunies, de former des couches comme celles de la tige du chêne, sont séparées les unes des autres.

La troisième espèce de tige, c'est le *chaume*, en latin *culmus*. Cette tige appartient à la famille des graminées, c'est-à-dire, à l'avoine, aux cannes à sucre. Elle est ordinairement cylindrique. La partie supérieure est terminée par la fleur et présente de distance en distance des espèces de nœuds qui sont remarquables, en ce qu'ils donnent naissance aux feuilles.

La quatrième, bien distincte et facile à reconnaître, c'est la *souche*.

On a appelé *souches* les tiges qui sont ordinairement cachées sous le sol. Ce sont des tiges souterraines, horizontales, propres aux plantes herbacées, qui, par leurs parties supérieures, donnent naissance à des feuilles, et, par leurs parties inférieures, donnent naissance à des filamens. L'iris est une des plantes qui ont ces tiges souterraines.

Toutes les tiges qui ne peuvent pas être assimilées au *tronc*, ni au *stipe*, ni au *chaume*, ni à la *souche*, ont été appelées *tiges* proprement dites. Le nombre des végétaux qui ont des tiges qui n'approchent nullement de ces quatre espèces, est beaucoup plus grand que celui des autres.

Examinons à présent la consistance de la tige, qui présente des modifications extrêmement marquées.

La tige peut être *herbacée* ou *ligneuse*; elle

peut souvent aussi être *herbacée* et *ligneuse* tout à la fois.

La tige *herbacée* est celle qui est tendre, verte, et qui meurt chaque année, comme le mouron.

La tige *ligneuse* est celle qui persiste un certain nombre d'années, et dont la dureté est la même que celle du bois. Des végétaux présentent ces deux sortes de tiges réunies. Tel est le thym de nos jardins. La partie inférieure de sa tige est ligneuse, vit un très grand nombre d'années, tandis que ses rameaux meurent tous les ans.

On a donné des noms particuliers aux plantes qui offrent cette tige : on les a appelées *sous-arbrisseaux*.

Les végétaux qui ont la tige ligneuse ont été appelés *arbustes*, *arbrisseaux* et *arbres* proprement dits.

Les *arbustes* sont ceux des végétaux qui sont ligneux, mais qui n'ont pas de tiges hors de terre, comme la bruyère, qui couvre les campagnes de quelques-unes de nos provinces. Cette plante est ligneuse et se ramifie dès sa base.

Les *arbrisseaux* sont les végétaux dont la tige est ligneuse et un peu élevée.

Enfin, on appelle *arbres* les plantes dont la tige est entièrement ligneuse, mais qui présentent un tronc qui n'est pas ramifié à sa partie inférieure.

L'*arbrisseau* est ramifié dès sa base, et l'*arbre* ne l'est au contraire qu'à son extrémité supérieure.

Il y a certains végétaux qui se présentent

tantôt sous la forme d'*arbustes*, et tantôt sous la forme d'*arbres*. Quelquefois le cultivateur peut changer à sa volonté la nature d'un *arbre* en celle d'un *arbuste*.

Le buis, par exemple, que vous voyez dans nos jardins, est la même plante qui, dans les régions méridionales de la France, parvient à une hauteur de trente-cinq pieds.

Voyons maintenant d'une manière générale quelques-unes des expressions avec lesquelles on peut rendre les modifications que présentent ces organes.

Les formes de la tige sont extrêmement variables. Les tiges sont à peu près toutes *cylindriques*, mais elles sont bien loin d'être régulières.

Il y a des tiges *triangulaires*, c'est-à-dire des tiges qui offrent trois angles.

Dans la famille des labiées la tige est *carrée*; elle offre quatre angles, comme les tiges de la menthe, de la sauge, par exemple, et vous voyez que toutes ces expressions s'entendent d'elles-mêmes; ainsi je n'insisterai pas sur ce point.

La tige peut être aussi *simple* ou *rameuse*.

La *tige simple* est celle qui s'élève sans présenter de ramifications : exemple, le palmier.

La *tige rameuse* est celle qui est divisée en branches et en rameaux.

La *tige dichotome* est celle qui se divise par bifurcations successives.

On nomme *tige trichotome* celle qui se divise par trifurcations.

On distinge sous le non de *tige sarmenteuse* celle qui est trop faible pour se soutenir par elle-même, et qui s'élève sur les corps voisins, au moyen d'appendices particuliers nommés *vrilles*, ou qui s'entortille autour de ces corps, comme les tiges de la vigne et du chèvre-feuille.

Les *tiges sarmenteuses* ont reçu les noms particuliers de *grimpantes*, quand elles s'attachent aux corps voisins au moyen de racines; de *volubiles*, quand elles s'entortillent autour des corps voisins pour s'élever à une certaine hauteur.

Il y a une chose fort remarquable dans les tiges *volubiles*; c'est que toutes les plantes d'une même espèce commencent leur spirale du même côté; celle qui s'entortille de droite à gauche se nomme *dextrorsùm volubilis*, et celle qui s'entortille de gauche à droite, *sinistrorsùm volubilis*.

Il y a aussi des *tiges rampantes* et des *tiges stolonifères*.

On entend par *tiges rampantes* celles qui sont couchées sur la surface du sol, et qui y sont enracinées par tous les points de leur étendue.

Les *tiges stolonifères* ou traçantes sont de petites tiges nées de la tige principale, qui peuvent s'enraciner et en reproduire de nouvelles; telle est celle du fraisier.

Pour suivre l'étude des organes, nous devrions vous parler des feuilles; mais nous vous dirons avant tout quelques mots sur les *bourgeons*.

Les bourgeons se divisent ainsi: 1° les *bourgeons* proprement dits; 2° le *turion*; 3° le *bulbe*; 4° le *tubercule*; 5° les *bulbilles*.

Les *bourgeons* proprement dits sont de forme et de nature variées. Les bourgeons sont, pour la plupart, composés d'écailles appliquées étroitement les unes contre les autres. Ce sont des corps ovoïdes ou globuleux, qui se développent sur les branches, à l'aisselle des feuilles ou à l'extrémité des rameaux.

Il y a un caractère extrêmement remarquable dans les *bourgeons*; les écailles, dont la plupart sont composés, se trouvent être recouvertes d'une sorte de résine, et elles sont garnies d'un tissu tomenteux et d'une espèce de bourre qui doivent garantir du froid et de l'humidité les organes qu'elles renferment. Ce qui fait croire que c'est là leur usage, c'est que dans les arbres des pays les plus chauds, on n'observe point d'enveloppe de cette sorte.

Il y a certains bourgeons qui sont entièrement dépourvus d'écailles; ils appartiennent aux plantes herbacées. Toutes leurs parties prennent de l'accroissement et se développent. Ces bourgeons ont été appelés *bourgeons nus*.

On a nommé les bourgeons des pommiers, des poiriers, etc, qui sont de petits globules portés par les petites branches, *florifères* ou *fructifères*.

Les *bourgeons florifères* sont ceux qui renferment des fleurs sans feuilles.

Les écailles qui composent la plupart des bourgeons sont des organes qui n'ont point pris tout leur développement, ainsi ce sont des feuilles qui, n'ayant point reçu assez de nourriture, ne se développent pas, mais qui cependant, dans certaines circonstances, s'accroissent et trahissent ainsi leur nature.

Les bourgeons commencent à se développer dans l'été. A cette époque, on aperçoit de petits corps que l'on appelle les *yeux* des arbres; à l'automne, ils s'accroissent un peu, et constituent les boutons; pendant l'hiver, ils restént stationnaires; et, quand le printemps reparaît, ils se gonflent, les écailles s'entrouvrent et laissent voir les organes qu'elles renfermaient, et on les appelle alors *bourgeons*.

Les plantes vivaces, dont la racine persiste un grand nombre d'années dans le sein de la terre, donnent naissance tous les ans à des bourgeons qui ont reçu le nom particulier de *turions* et naissent toujours sous la terre.

Examinons à présent la structure des bulbes.

Les bulbes sont des *bourgeons* appartenant à certaines plantes vivaces. Ils sont formés par la réunion d'écailles sèches à l'extérieur, charnues à l'intérieur. Ils appartiennent particulièremeut aux monocotylédonés, dans l'oignon par exemple.

Ils sont supportés par une espèce de plateau, de la surface inférieure duquel naissent des fibres qui constituent la racine, et dont la surface supérieure fait sortir une tige qui donne naissance à des fleurs.

Il y a trois sortes de *bulbes*.

1° Les *bulbes* en *tuniques*,

2° Les *bulbes écailleux*,

3° Les *bulbes solides*.

On appelle *bulbes en tuniques* ceux dont les écailles forment des circonférences creuses et s'emboîtent les unes dans les autres; comme dans l'oignon ordinaire.

Les *bulbes écailleux* sont ceux dont les écailles sont libres par leurs côtés, et sont imbriquées à la manière des tuiles d'un toît, comme dans le lis.

On nomme *bulbes solides* les bulbes qui, comme dans le safran, ont les tuniques tellement confondues, qu'on ne peut les distinguer.

On divise encore les bulbes en *bulbes simples* et en *bulbes multiples*.

On entend par *bulbes simples* ceux qui ne sont formés que d'un seul corps, la tulipe.

Les *bulbes multiples* comprennent ceux qui sont composés de plusieurs petits bulbes, qui s'appellent *caïeux*, comme dans l'ail.

Les bulbes sont plus ou moins globuleux, mais il y en a qui deviennent presque cylindriques; tel est le poireau.

D'autres organes doivent aussi fixer notre attention. Ce sont les *bulbilles*.

Les *bulbilles* sont de petits corps analogues aux bourgeons et qui se développent sur différentes parties de la plante.

Ils ont un caractère tout particulier; c'est que, détachés de la plante, ils vivent et peuvent reproduire, tandis qu'il est impossible aux bourgeons de vivre par eux seuls.

La nature des *bulbilles* est absolument la même que celle des bulbes.

Richard.

QUATRIÈME LEÇON.

12 avril 1836.]

Messieurs, il nous reste encore à parler d'un organe : des *tubercules*.

Les tubercules, dont la forme est ordinairement globuleuse, présentent deux caractères communs; ils peuvent être considérés comme des bourgeons souterrains, et sont tous plus ou moins charnus.

Les tubercules ne sont que des amas de fécule ou d'amidon, qui semblent mis en réserve, pour servir à la nutrition de la plante.

Il y a des tubercules fort développés ; tels sont la pomme-de-terre et le topinambourg.

Pour bien connaître la nature des tubercules, voyons comment ils se forment.

Vous savez tous comment on plante les pommes-de-terre ; on prend ces tubercules, on les divise en tranches et on les met dans la terre.

Il y a ce qu'on appelle vulgairement des *yeux* à la surface de ces tubercules ; de chacun de ces yeux naît ordinairement une espèce de petite branche qui donne naissance à d'autres qui s'étendent d'ordinaire horizontalement dans le sol. On a considéré ces branches comme des racines, mais on s'est trompé; ce sont de petites fibres, sur lesquelles se forment des renflemens qui produisent les tubercules, d'où sortent de petits filamens qui sont les véritables racines: c'est avec ces tubercules qu'on forme la matière alimentaire du salep.

Les *orchis*, auxquels appartiennent ces tubercules, en ont ordinairement deux, placés à côté l'un de l'autre : ces deux bourgeons sont plus ou moins globuleux ; mais l'un est solide, assez gros, tandis que l'autre est tout petit.

La première année celui-là donne naissance à la tige et devient ensuite flasque, ridé, parce qu'il a perdu la fécule qu'il renfermait; celui-ci, la seconde année, se forme, se développe, et de-là naît la seconde tige.

Ces tubercules éprouvent le même changement que les bourgeons ; en un mot ce sont des bourgeons souterrains.

Maintenant, comme il faut que nous connaissions la structure anatomique de ces organes, nous allons nous occuper de la structure des plantes ou *anatomie végétale*.

Les plantes ont une organisation beaucoup moins compliquée que celle des animaux.

Les animaux ont des propriétés qu'aucune plante ne possède. Ils ont la faculté de se mouvoir, la faculté de sentir, faculté que l'on n'aperçoit pas dans les plantes. Les animaux *croissent*, *vivent et sentent;* les végétaux *croissent et vivent*.

Dans les animaux il y a quatre tissus élémentaires : le *tissu cellulaire*, le *tissu fibreux*, le *tissu musculaire* et le *tissu nerveux*.

L'anatomie générale des plantes est beaucoup plus simple ; dans les plantes, il n'y a qu'un seul tissu élémentaire, qui est le tissu cellulaire.

Ce tissu présente deux modifications, savoir le *tissu cellulaire* et le *tissu vasculaire*.

Le tissu cellulaire se compose de petites cellules réunies les unes aux autres. Dans les plantes, ce tissu existe dans toutes les parties : quand on veut bien les voir, il faut les examiner dans la moëlle.

On peut les comparer à la mousse qui se forme sur l'eau de savon, à celle que l'on aperçoit sur les liqueurs qui sont en fermentation.

Ces cellules communiquent toutes ensemble, ou par une ouverture de leurs cavités, ou par des fentes qui se trouvent sur leurs parrois qui sont minces et transparentes. Ces pores, que l'on ne voit que difficilement, même à l'aide d'un microscope très fort, ont été d'abord découverts par Hill, et dans ces dernières années, M. Mirbel en a de nouveau prouvé l'existence. Les cellules se présentent dans les végétaux, quand rien ne s'est opposé à leur développement, sous une forme hexagonale ; elles peuvent être comparées aux alvéoles des abeilles. Il est très rare que l'on trouve ces cellules avec cette forme extrêmement régulière. Elles sont plus ou moins comprimées ; mais, en les examinant avec attention, on peut toujours reconnaître la forme primitive. Cependant, quelquefois, dans le bois par exemple, elles sont tellement allongées qu'elles ont reçu le nom de *tissu allongé.*

Toutes les cellules communiquent entre elles, avons-nous dit; on a cherché à connaître leurs moyens de communication; et, après de nombreux examens faits avec un soin extrême, à l'aide de microscopes, après avoir commis bien des erreurs, on est parvenu à découvrir ce qui existe véritablement; on s'est aperçu que tous les tissus sont poreux, que la communication se fait entre les cellules au moyen de pores que l'œil ne peut voir.

Il arrive très souvent, dans le tissu cellulaire, que les cellules qui le forment, et qui sont distinctes les unes des autres, finissent par se souder entre elles, que leurs parois s'épaississent tellement qu'elles paraissent ne plus exister.

Dans les *tissus cellulaires*, on trouve souvent des espaces dans lesquels il n'y a ordinairement que de l'air. Ces tissus ont été appelés *méats intercellulaires.*

Le tissu cellulaire n'a presque pas de consistance; et si vous prenez une tige parfaitement développée, vous apercevrez des espèces de petits déchiremens qui bientôt prennent un fort grand accroissement et forment des vides, seulement remplis d'air, qui ont reçu le nom de *lacunes.* Examinez une branche de noyer; vous verrez, de distance en distance, des espèces de petits vides, qui n'existaient pas d'abord, qui ont été formés par le déchirement des cellules et qui sont ce qu'on appelle les *lacunes* du *tissu cellulaire.* Vous trouverez les mêmes vides intérieurs dans le sureau.

Quelques *tissus cellulaires* contiennent des fluides aqueux, d'autres renferment seulement de l'air; les uns, de la fécule, et les autres, une espèce de liquide qui ressemble parfaitement à de l'eau.

Les tissus cellulaires sont incolores ou colorés, ce qui dépend entièrement de la matière qu'ils renferment; car les *tissus cellulaires* par eux-mêmes sont toujours incolores.

Pour que les tissus se développent, il faut que de nouvelles molécules viennent s'ajouter à celles qui existaient déjà.

Le développement des tissus se fait de différentes manières; dans un grand nombre de tissus il se fait à l'aide de nouvelles cellules qui s'ajoutent à l'extérieur; dans d'autres, c'est par des cellules qui se forment dans l'intérieur des cellules premières. Celui-là a reçu le nom de *extrà-utriculaire*, et celui-ci a été appelé *inter-utriculaire*.

Passons aux vaisseaux des plantes, ou *tissu vasculaire*. Les vaisseaux ne sont que des lames de tissu élémentaire roulées sur elles-mêmes : leurs parois sont épaisses, peu transparentes, et elles offrent un grand nombre de petits trous, au moyen desquels elles répandent autour d'elles les fluides qu'elles charrient.

CINQUIÈME LEÇON.

14 avril 1836.

On distingue sept espèces de vaisseaux : 1° Les *vaisseaux en chapelet* ou *monoliformes* ; 2° les *vaisseaux poreux* ; 3° les *vaisseaux fendus* ou *fausses trachées* ; 4° les *trachées*; 5° les *vaisseaux mixtes* ; 6° les *vaisseaux propres* ; 7° enfin les *tubes* ou *vaisseaux simples*.

1° Les *vaisseaux en chapelet* sont des tubes poreux resserrés de distance en distance, de manière à prèsenter quelqu'anologie ou ressemblance avec les grains réunis d'un chapelet; ils sont percés de trous petits et nombreux; on les rencontre particulièrement aux points de jonction de la racine à la tige et de la tige aux branches.

2° Les *vaisseaux poreux* ressemblent à des tubes continus également percés de pores disposés transversalement et par lignes.

3° Les *fausses trachées* sont aussi dès tubes coupés de fentes transversales : telle est l'opinion à peu près générale ; je dis à peu près générale, car il est des auteurs qui ont cru leur voir un autre aspect. Quant à moi, j'affirme les avoir aperçus à l'aide d'un microscope, excellent, il est vrai.

4° Les *trachées* sont des vaisseaux formés par une lame transparente roulée sur elle-même en spirale. Ils ressemblent, la comparaison peut paraître singulière, mais elle est très juste, ils ressemblent, dis-je, aux élastiques en fil de laiton que l'on met dans les bretelles.

5° Les *vaisseaux mixtes* présentent à la fois les formes et les caractères des autres; ils sont alternativement poreux, fendus, roulés dans différens points de leur étendue; la découverte de ces vaisseaux est due à M. Mirbel.

6° Les *vaisseaux propres* sont des tubes non poreux, contenant des sucs particuliers à chaque végétal, ce qui leur a fait donner le nom de *réservoir des sucs propres;* on les trouve dans les écorces, la moëlle, etc., etc.

Tout le monde a été à même de connaître quelques-uns de ces sucs huileux, résineux ou autres, que sécrètent certaines plantes; ces sucs sont versés par les vaisseaux propres. Qui de nous n'a pas cueilli le *tythimale*, vulgairement nommé *réveille-matin;* en coupant la tige de sa plante, ou ses plus petits rameaux, il en sort une liqueur blanche qui s'échappe par ces vaisseaux.

7° Enfin, les *vaisseaux simples* ou *tubes* ne présentent pas toujours les mêmes caractères, ni dans leur forme, ni dans leur volume; parfois ramifiés, divisés ou réunis, ils paraissent servir à la circulation de la sève, ce qui leur a fait donner le nom de *séveux* ou *lymphatiques.*

Vous voyez que les caractères particuliers à chaque espèce de vaisseaux permet de les distinguer avec facilité; les différentes fonctions qui leur sont attribuées, quoique sur ce point les auteurs ne soient pas généralement d'accord, ne permettent guère de les confondre, c'est ce qui a déterminé à les classer en trois séries ou divisions, distinguées par leur organisation, leur forme, leur position, et la nature des fluides qu'ils renferment.

1° Dans les premières sont les vaisseaux sèveux ou lymphatiques, destinés à contenir la sève: tels sont les vaisseaux simples, les trachées et fausses trachées.

2° Dans la seconde, les vaisseaux propres qui contiennent les sucs particuliers de la plante.

3° Dans la troisième, les vaisseaux aériens destinés à la circulation de l'air dans les parties du végétal, car, ainsi que nous le verrons, l'air est aussi nécessaire intérieurement à la vie de la plante.

Ces vaisseaux, comme nous l'avons dit, sont composés de lames du tissu élémentaire, et réunis par le *parenchyme* ils constituent les *fibres*. Tout ce qui n'est pas fibreux est *parenchyme*.

On s'est demandé si des fluides aqueux et aériformes circulaient dans les vaisseaux; les distinctions que nous avons faites prouvent que nous reconnaissons que les vaisseaux servent de conduits à l'un et à l'autre de ces fluides.

Il existe encore certains organes particuliers communs à la plupart des végétaux, je veux parler des *glandes* et des *poils*; les premières, répandues sur toutes les parties de la plante, ont pour objet la sécrétion de certains fluides ; elles sont également formées de tissu cellulaire; leurs formes sont variées, et on en distingue plusieurs espèces.

Les poils, très-différens dans leur forme et leur position, et même dans leur structure intérieure, paraissent destinés à servir aux mêmes besoins que les glandes, souvent même ils sont leurs canaux excréteurs; les distinctions nombreuses qu'ils présentent dans leur forme, leur structure, leur position, les matières qu'ils secrètent, ont permis d'en faire de nombreuses divisions qui servent à caractériser les plantes.

De tout ce que je viens d'exposer, il doit résulter que toutes les parties de la plante ont une origine commune, que dans toutes existe le tissu cellulaire.

Connaissant les parties constitutives de la plante, nous terminerons l'anatomie générale des végétaux.

La partie la plus apparente, dans les végétaux, est sans contredit la tige, qui dans un très grand nombre de plantes s'élève très-haut.

Les tiges, bien différentes entre elles, dans les divers végétaux, doivent d'abord être divisées en tiges ligneuses et en tiges herbacées. Les dicotylédons, sous ce rapport, diffèrent essentiellement des monocotylédons.

Nos observations porteront d'abord sur la tige des arbres dicotylédons, dont le tronc coupé transversalement nous offre plusieurs parties bien distinctes ; la première, que l'on nomme *écorce*; la seconde, le *bois*; la troisième, le *canal médullaire*, qui renferme la moelle.

La première, celle qui frappe la vue au premier aspect, sur le tronc des arbres, l'écorce, est formée elle-même de quatre parties : l'*épiderme*, ou partie extérieure; l'*enveloppe herbacée*; les *couches corticales* et le *liber*, ainsi nommé à cause des feuillets nombreux dont il est composé.

L'*épiderme*, qui n'offre pas la même couleur sur tous les arbres, est une enveloppe membraneuse, mince, qui recouvre toutes les parties de la plante; parfois unique, parfois composée de plusieurs couches, comme dans le bouleau.

Pendant long-temps on a cru que l'épiderme n'était que la partie extérieure du tissu cellulaire exposée à l'air et durcie, mais cette opinion n'est plus admise; les travaux de M. Brongniart ont prouvé que l'épiderme était une membrane cellulaire formée d'une infinité de petits trous qui paraissent servir à donner passage à quelques fluides nécessaires à la vie des végétaux.

L'épiderme se régénère facilement : son usage est d'empêcher l'exsiccation de la plante, de préserver le tissu cellulaire du contact immédiat de l'air, de le garantir de l'action des élémens qui le dessécheraient promptement: les trous dont l'épiderme est percé, l'usage auquel ils sont destinés leur a fait donner le nom de pores corticaux.

Quoique l'épiderme soit quelque peu susceptible de s'étendre, il ne possède pas cette qualité à l'infini, il se déchire, et se fend lorsque le tronc se développe, et forme alors une espèce de réseau; il se dilate d'autant plus, et se déchire d'autant mieux que l'arbre est plus vigoureux : par exemple, le chêne.

M. De Candolle considère les petits corps saillans, qu'on aperçoit à la surface de l'épiderme, comme des espèces de bourgeons.

Après l'épiderme vient l'*enveloppe herbâcée :* c'est une couche de tissu cellulaire qui enveloppe toute la plante. Disposée en réseau, elle se régénère très-facilement, et est susceptible d'un développement très-considérable : le liége n'est que l'*enveloppe herbacée* très développée d'une espèce de chêne qui croît dans le midi de la France et ailleurs. *Les couches corticales* situées sous l'enveloppe herbacée sont si peu apparentes qu'elles se confondent souvent avec le *liber*; mais on les distingue facilement dans le *bois dentelle.*

Immédiatement après les couches corticales on trouve le *liber :* on avait d'abord cru voir dans le liber deux parties distinctes, mais on a abandonné cette opinion par suite des expériences faites pour connaître la nature de cet organe. On a vu que les divers feuillets dont il est composé étaient tous de même nature, et contenaient un grand nombre de vaisseaux, tels que les vaisseaux sèveux, les trachées et les vaisseaux propres.

Ces couches sont extrêmement multipliées sur certains arbres, sur le tilleul, par exemple, ce qui permet de les employer à divers usages de l'économie domestique. Leur tissu présente des formes très-différentes selon les espèces.

Ces quatre parties constituent l'écorce; le liber me paraît la partie la plus importante et la plus essentielle: l'opération de la greffe en fournit une preuve suffisante.

SIXIÈME LEÇON.

16 avril 1836.

Messieurs,

Dans la dernière séance nous avons successivement parlé des parties élémentaires de la tige, qu'à la simple inspection il est facile de reconnaître dans les arbres de la classe des dicotylédons, composée, comme nous l'avons vu, de couches juxta-posées, ou s'emboîtant les unes dans les autres, présentant trois parties bien distinctes.

Nous avons d'abord étudié l'écorce, composée 1° de l'épiderme; 2° de l'enveloppe herbacée; 3° des couches corticales, et 4° du liber.

Au-dessous de l'écorce se trouve le bois, divisé lui-même en deux parties : la première, qui est l'aubier, et la seconde, qui est le véritable bois. C'est cette dernière partie que les artisans emploient le plus ordinairement. Elle est surtout remarquable par sa plus grande dureté et sa couleur plus foncée; tel il se présente dans la plupart des arbres exotiques, dans le bois de campêche, employée pour la teinture, dont le cœur est rouge et l'aubier blanc, l'ébène, etc.

Comme vous le voyez, il est ordinairement facile, à la simple inspection, sur le tronc d'un arbre coupé horizontalement, de faire la distinction de ces deux parties; l'aubier est plus tendre, moins coloré; c'est un bois qui n'a pas encore atteint toute sa perfection; le cœur est plus dur, d'une couleur plus foncée : c'est un bois parfait.

En général, les tiges présentent ces deux parties; cependant il est des arbres dans lesquels, si elles existent, elles ne sont pas du moins apparentes : tels sont les peupliers et les arbres verts.

Ainsi donc, deux parties distinctes dans le bois: l'aubier et le cœur.

Au centre de la tige se trouve la moelle, logée dans un canal appelé canal médullaire; ce canal est formé de vaisseaux en grand nombre, qui sont surtout des vaisseaux aériens, et c'est là qu'on les rencontre le plus souvent.

La moelle est une substance spongieuse, verte dans les jeunes pousses, changeant de couleur quand la plante vieillit. Il arrive assez souvent que cette partie est colorée. Est-ce le tissu cellulaire qui est coloré? Non, je vous l'ai déjà dit, ce tissu ne l'est jamais.

Il n'est pas rare de trouver des cavités qui sont dues à ce qu'une portion de la moelle s'est détruite, circonstance qui ne paraît, en aucune façon, nuire à la plante, puisqu'on voit malgré cela de vieux arbres qui en sont entièrement privés, et qui n'en continuent pas moins à conserver une grande vigueur.

La forme du canal médullaire n'est pas la même

dans tous les végétaux, sa forme est très irrégulière, et n'est pas toujours en rapport avec eux.

La forme du canal médullaire semble être déterminée par la position des feuilles.

Quand les feuilles sont alternes, le canal est cylindrique; lorsqu'elles sont opposées, il est ordinairement elliptique ou ovale; si elles sont ternées, c'est-à-dire, réunies trois à trois, il est triangulaire. En un mot, il est, par la forme, en rapport avec la position des feuilles. Ceci est général, mais il y a des exceptions.

Nous venons d'examiner la structure de la tige d'un arbre dicotylédon, voyons maintenant la tige d'une plante monocotylédon. Dans cet examen, nous allons trouver d'énormes différences entre les deux tiges; comparons-les.

Dans les dicotylédons, au centre de la tige, est un canal médullaire; le contraire dans les monocotylédons : nous ne trouvons point de moelle au centre. Dans les premiers, une écorce évidente, bien conformée; dans les autres, ce sont des couches superposées, ou espèces de bourrelets élevés les uns sur les autres; ils n'offrent point une écorce distincte.

Voyons donc cette organisation si différente de celle que nous connaissons.

La tige ne présente pas, comme dans les dicotylédons, différentes couches concentriques; elle est formée par une masse de tissu cellulaire au milieu de laquelle on aperçoit les fibres.

Les parties extérieures de la tige des monocotylédons sont les plus dures, les plus tendres sont au centre. C'est une nouvelle différence à ajouter à celle que nous connaissons déjà, entre les deux espèces, puisque c'est le contraire dans les dicotylédons.

J'ai dit tout-à-l'heure que ces arbres n'ont point d'écorce proprement dite, et, en effet, les palmiers, par exemple, qui ne croissent qu'en hauteur, vont servir à le prouver. Vous voyez d'abord les feuilles sortir ou croître du centre de la tige : chaque année elles meurent, et il en naît alors de nouvelles qui s'élèvent au-dessus des anciennes, dont les débris des pétioles forment à l'entour des cercles, anneaux ou bourrelets. Chaque année ces débris superposés, refoulés du dedans au dehors par les feuilles qui croissent annuellement, formeront une tige élevée.

Vous voyez qu'il est impossible de confondre les dicotylédons avec les monocotylédons.

La différence observée dans la tige se rencontre également dans les racines.

Si vous examinez la racine d'un chêne, vous y trouverez à peu près la même organisation que dans la tige; quoique des auteurs aient dit que le canal médullaire ne se prolongeait pas dans la racine, ce n'est point un caractère général.

La racine des monocotylédons, présente une organisation particulière. Les dicotylédons ont la racine principalement pivotante; jamais vous ne la rencontrerez telle dans les monocotylédons. Les palmiers, qui ont une hauteur considérable, n'ont jamais la racine pivotante.

Dans la graine du pois, plante qui appartient

à la classe des dicotylédons, vous voyez la radicule s'enfoncer dans la terre, la gemmule ou la plumule, origine de la tige, s'élever vers le ciel et quand ces parties ont pris assez de force, les cotylédons se dessèchent et meurent.

Dans les graines des monocotylédons au contraire, vous ne voyez pas le même phénomène au reste, plus tard nous reproduirons cette observation, et nous lui donnerons plus d'étendue.

Vous venez de voir que l'organisation des monocotylédons est très différente de celle des dicotylédons.

Étudions maintenant l'accroissement des dicotylédons.

Les dicotylédons, comme je l'ai déjà dit, croissent en hauteur et en diamètre.

Examinons d'abord leur accroissement en diamètre.

L'écorce et le bois croissent en sens opposé.

L'écorce par sa face interne, le bois par sa face externe.

On s'est demandé comment se fait cet accroissement, ou plutôt quelle en est la cause, l'origine.

Long-temps on a adopté l'opinion de Duhamel sur l'accroissement des couches ligneuses, moi-même je l'ai professé; mais aujourd'hui elle me semble fausse.

Duhamel se fondant sur une expérience, avait pensé que le *liber* se changeait en *aubier*. Il introduisit un fil d'argent dans le *liber*; quelques années après il prétendit l'avoir trouvé recouvert de plusieurs couches de bois, et il en conclut que le *liber* s'était changé en *aubier*.

Cette expérience, répétée depuis, n'a jamais confirmé ce résultat; et c'est toujours dans le *liber* que s'est trouvé le fil d'argent.

L'opinion de M. Mirbel au contraire, restée quelque temps inaperçue, a été adoptée depuis.

Suivant lui, entre le *liber* et l'*aubier*, se trouve une matière liquide, nommée *cambium*, qui en s'épaisissant forme chaque année une nouvelle couche d'*aubier*, et une nouvelle couche de *liber*.

On peut facilement vérifier ce fait, en enlevant l'écorce d'une jeune branche. On voit alors à l'époque de la végétation, un liquide transparent d'abord, qui plus tard devient visqueux pour enfin se transformer en fibres.

Ce n'est donc pas le *liber* qui se change en *aubier*, mais bien le *cambium*; ce liquide par là présente quelque analogie avec le sang chez les animaux.

Je vous ai dit que chaque année il se formait une nouvelle couche d'*aubier*, et une nouvelle couche de *liber*. On peut donc connaître l'âge d'un arbre par le nombre des couches du bois ou des couches du *liber*.

Outre l'accroissement en diamètre formé par l'addition des nouvelles couches, il se produit encore par leur dilatation, et la formation de nouvelles fibres entre celles qui composent ses couches. Les expériences sur la clématite, faites par M. Dutrochet, mettent cette vérité hors de doute.

Examinons maintenant l'accroissement en hauteur.

Si nous prenons une jeune tige, nous remarquerons que de sa partie supérieure sort un bourgeon qui lui-même donne naissance à une nouvelle pousse, terminée aussi par un nouveau bourgeon destiné à en engendrer un autre. C'est par la formation successive de ces centres de végétation que se fait l'accroissement en hauteur. Toutes les couches concentriques, qui ne sont que des cônes superposés, et emboîtés les uns dans les autres, ne se continuent pas avec la nouvelle branche; le sommet du cône le plus intérieur seul s'arrête à la base de chaque pousse, en sorte que ce n'est qu'à la partie inférieure du tronc que le nombre des couches correspond à celui des années.

Les monocotylédons n'ont pas de tige, à proprement parler, ce sont des feuilles qui se détruisent successivement et qui forment, ainsi que nous allons l'expliquer, ce que nous appelons le *stipe*.

Dans le palmier, par exemple, les feuilles, à leur naissance, forment un faisceau circulaire qui part du collet de la racine. La base de ces feuilles persiste la seconde année et se soude pour servir de base au *stipe*. De leur centre naît successivement chaque année un nouveau bouquet de feuilles qui éprouve les mêmes changemens et forme ainsi les anneaux qui composent le *stipe*.

Si on compte les années par les couches de bois dans les dicotylédons, on les compte aussi également au moyen des anneaux formés par les feuilles sur les monocotylédons.

Ainsi vous voyez que s'il existe des différences dans les formes, il en existe également dans le mode d'accroissement.

Je désire que ces différences vous soient bien évidentes, parce qu'elles sont importantes dans la classification des végétaux, et indispensables pour les bien connaître.

La hauteur des arbres est sujette à varier, surtout en raison des localités.

Dans nos climats, ils s'élèvent au plus à la hauteur de cent pieds, tandis que, sous le tropique, il n'est pas rare de les voir atteindre cent cinquante pieds.

La grosseur des arbres est aussi très variable, et ces différences, dans la même espèce, sont dues à la nature du sol et du climat.

On a vu des chênes présenter une circonférence très considérable. Moi-même, dans un village de l'intérieur de la France dont le nom m'échappe, j'en ai rencontré et mesuré un qui a plus de trente pieds de circonférence.

Les oliviers, qui croissent dans le midi de la France, ne sont pas plus gros que la cuisse ; sous une latitude plus chaude, ils acquièrent une grosseur beaucoup plus considérable.

Le baobab, qui croît au Sénégal, est l'arbre connu pour acquérir les plus grandes dimensions; Adanson en a mesurés qui avaient jusqu'à quarante cinq pieds de diamètre, ce qui présente une circonférence d'environ cent trente à cent quarante pieds.

Les châtaigners offrent quelquefois des dimensions colossales; ils parviennent à une grosseur très considérable. Les auteurs anciens et les modernes ont parlé du fameux châtaigner du mont Etna en Sicile, dont le tronc creux pouvait servir à abriter un grand nombre de personnes. Ces circonstances ne sont pas parfaitement exactes. Dans un voyage que je fis en Sicile, je dus nécessairement visiter les deux curiosités les plus remarquables de ce pays : l'Etna et le fameux châtaigner, aussi renommé par son âge que par sa dimension. Je le vis en descendant la montagne, sur laquelle il est placé à mi-côte; son aspect présente une masse de verdure extraordinaire, mais son tronc n'est pas tel qu'on l'a décrit; il n'y a plus qu'une souche de laquelle s'élève sept branches énormes, dont la plus grande n'a pas moins de trente pieds de circonférence; il y a fort long-temps, des siècles même, que l'arbre primitif a dû être abattu, pour présenter aujourd'hui des branches aussi grosses.

Cet arbre fameux porte le nom de châtaigner des cent chevaux, parce que, raconte-t-on, une princesse revenant de visiter l'Etna avec une nombreuse suite, fut surprise par un violent orage, et se réfugia sous ce châtaigner où toute la caravane qui l'escortait, trouva à s'abriter ainsi que les cent chevaux dont elle se composait.

SEPTIÈME LEÇON.

19 avril 1836.

Après avoir parlé des tiges, nous allons nous occuper des feuilles.

Les feuilles ont plusieurs degrés d'importance; elles sont destinées à favoriser l'accroissement des plantes, soit en puisant dans l'atmosphère des fluides qui leur sont propres, soit en rejetant par l'exhalation le superflu des gaz qui leur sont devenus inutiles.

Leurs variétés et leurs caractères particuliers servent à distinguer les plantes et à les classer.

Les feuilles sont formées par l'épanouissement des vaisseaux qui viennent de la tige; quand ces vaisseaux se prolongent en faisceaux avant de s'étendre, ils forment ce qu'on appelle le *pétiole* ou queue de la feuille. La feuille est dite alors *pétiolée.* Arrivé à une certaine hauteur, le pétiole s'étend, se ramifie, et forme une espèce de réseau dont les mailles sont remplies de tissu cellulaire; c'est là ce qui constitue la feuille, l'on a donné le nom de *limbe*, ou disque, à cette partie épanouie.

Les feuilles existent généralement sur toutes

les plantes; cependant quelques-unes en sont dépourvues, telle est, par exemple, la cuscute.

Il arrive quelquefois que la feuille n'a pas de pétiole, et se trouve immédiatement attachée à la tige; alors on la nomme *feuille sessile.*

On distingue donc, comme nous l'avons dit, dans la feuille, deux parties : le *pétiole* ou support de la feuille, et le *limbe* ou feuille proprement dite.

Dans le limbe, on remarque deux surfaces : la surface inférieure, et la surface supérieure; celle-ci est lisse, d'une couleur plus foncée; l'autre, couverte d'une espèce de poil ou duvet.

Ainsi donc, deux parties bien distinctes dans le limbe : la partie supérieure et la partie inférieure; on doit aussi remarquer sa circonférence, son sommet, et sa base.

La surface inférieure de la feuille, présente un grand nombre de saillies, qui ne sont que le prolongement divisé du pétiole. On les appelle *nervures.* La principale, qui fait suite au pétiole, et de laquelle partent toutes les autres, divise la feuille en deux côtés ordinairement égaux. On l'appelle *côte* ou *nervure médiane.*

Maintenant il y a une chose importante à considérer dans la disposition des nervures, car elles peuvent servir à distinguer parfaitement les espèces.

Si on examine les feuilles d'un arbre, d'une plante de la classe des dicotylédons, on en voit les nervures ramifiées à l'infini, et présentant, comme je l'ai dit, l'image d'une espèce de réseau, tandis que, dans les Monocotylédons, les nervures des feuilles sont presque toujours longitudinales et parallèles, ou à peu près, aux côtés, aux bords de la feuille.

Ce caractère, fort apparent, distingue la classe des Dicotylédons de la classe des Monocotylédons.

Ainsi, au premier aspect, on peut, à l'inspection de la tige, reconnaître un arbre monocotylédon; on le peut aussi, en examinant l'organisation de sés feuilles.

J'ai dit tout-à-l'heure que la feuille était composée de deux parties : le pétiole et le limbe; quelquefois elle n'a que le pétiole extrêmement développé, élargi : ce fait a été tout récemment reconnu. Il existe, dans la Nouvelle-Hollande, un acacia qui présente cette modification : cette espèce de feuille s'appelle *phyllode.*

Vous voyez donc qu'on peut d'abord diviser les feuilles en trois classes : celles qui sont pourvues de pétioles et de limbes, nommées *feuilles pétiolées;* celles qui sont dépourvues de pétioles, que l'on appelle *feuilles sessiles*, et enfin, celles qui, privées du limbe, ne présentent que le pétiole extrêmement développé, et qu'on nomme *phyllodes.*

Maintenant, examinons l'insertion des feuilles, c'est-à-dire, l'endroit où elles naissent sur la plante.

Quand elles croissent de la racine, quand elles sortent immédiatement de son collet, on les appelle *feuilles radicales.*

Quand elles croissent de la tige, ce qui arrive

BIBLIOTHÈQUE ROYALE Ribard. I

le plus généralement, on les appelle *caulinaires.*

Enfin, on les appelle *florales*, quand elles croissent près des fleurs.

Ainsi les feuilles, sous le rapport de leur insertion, sont dites *radicales*, *caulinaires*, *florales*, selon qu'elles naissent sur la racine, la tige, ou près des fleurs.

Les feuilles peuvent être attachées à la tige de différentes manières : lorsqu'une feuille tient au pétiole par son milieu inférieur, dans la capucine par exemple, de sorte que ses nervures partent d'un centre commun, et se ramifient à peu près comme les rayons d'une roue, elle prend le nom d'*orbiculée.*

On nomme feuille *engaînante* celle qui, roulée autour de la tige, lui forme une espèce de gîane, telle est la feuille des Graminées.

C'est ici le cas de vous faire voir combien les plus petits caractères peuvent être importans, avec quel soin il faut les étudier, car ils servent souvent à déterminer l'espèce : les Graminées et les Cypéracées sont des familles qui présentent beaucoup d'analogie; on en fait la différence par la gaîne, fendue dans toute sa longueur dans les Graminées, tandis que le contraire existe dans les Cypéracées.

Le bouillon blanc présente aussi un caractère particulier : le limbe se prolonge non seulement sur le pétiole, mais encore sur la tige, caractère qui a fait donner à la feuille le nom de *feuille ailée.*

On a nommé *perfoliée* la feuille qui semble traversée par la tige.

Amplexicaule, celle qui embrasse la tige dans toute sa circonférence.

Semi-amplexicaule celle dont la base n'environne pas entièrement la tige.

Il arrive assez ordinairement que les feuilles opposées se soudent, telle est par exemple la feuille du chèvre-feuille; elle est dite alors feuille *connée* (*connata*).

Nous ferons plus tard l'application de ces caractères qui sont très importans.

Les feuilles ne sont pas placées de la même manière sur la tige.

Elles sont *alternes* lorsqu'elles croissent alternativement de chaque côté de la tige, comme sur le peuplier; et *opposées*, quand elles sont placées à deux points vis-à-vis l'un de l'autre. Ces positions des feuilles servent souvent à distinguer les familles dans les plantes; car lorsque l'une d'elles présente les feuilles opposées ou alternes, toutes les ont de même.

On nomme les feuilles *géminées*, *ternées*, quand il en naît deux ou trois du même point.

Lorsque les feuilles sont petites, nombreuses, disposées de manière à se recouvrir mutuellement ainsi que les tuiles d'un toit, elles se nomment feuilles *imbriquées*, telles sont les feuilles du *Diosma imbriqué*, du Thuya, etc.

Il arrive souvent que d'un même point les feuilles naissent en grand nombre, de manière à former de petits faisceaux , comme dans le *Mé-*

lèze ; on les nomme alors feuilles *fasciculées*.

Ainsi les feuilles sont *alternes*, *opposées*, *géminées*, *ternées*, *imbriquées*, *fasciculées*, etc., selon qu'elles affectent les positions dont nous venons de parler.

Il y a dans les feuilles une distinction importante à faire : elles sont ou *simples* ou *composées*; dans les premières, le limbe forme un tout, ou partie unique; dans la *feuille composée*, au contraire, il paraît formé de plusieurs petites folioles simples attachées sur un pétiole commun, comme dans le marronnier.

Les feuilles présentent encore dans leurs formes un très grand nombre d'autres caractères qui sont d'un puissant secours pour reconnaître les plantes et les classer.

On a le plus souvent comparé les feuilles à des figures géométriques, et alors on les a appelées feuilles *rondes*, *arrondies*, *ovales* , *obovales*, *elliptiques*, etc.; quoiqu'elles présentent beaucoup de ressemblance dans leur figure, on peut cependant les distinguer.

Les feuilles *lancéolées* sont celles dont la largeur diminue insensiblement de la base au sommet, et offrent à peu près l'image d'un fer de lance.

Les *spatulées* sont celles dont la partie supérieure est arrondie , et l'inférieure plus étroite et allongée; les *cordiformes* , celles dont la base, arrondie sur ses bords, est creusée fortement dans son milieu ; les *réniformes* , celles dont la figure a quelque ressemblance avec un rein; les *sagittées*, ou en fer de flèche, celles qui, comme dans la sagittaire, sont triangulaires et échancrées à leur base.

On ne doit pas confondre, dans les feuilles, la forme avec la figure, car la forme comprend non seulement la surface, mais encore l'épaisseur; et ici, nous ne nous occupons que de la surface.

Maintenant, si nous considérons les feuilles quant à leurs extrémités supérieures, nous les verrons *aiguës*, *obtuses*, *échancrées*, *émoussées*, etc.

Ce n'est pas sans raison qu'on a fait ces distinctions; elles sont, comme je vous l'ai dit, très importantes pour reconnaître les plantes et les classer.

Quant à leur contour, les feuilles se distinguent en *dentées*, dont les bords sont garnis de petites dents aiguës; en *serrées*, ou dentées en scie, quand les dents sont inclinées vers le sommet de la feuille; cette forme est très commune; voyez le pêcher, le rosier, etc.; en *crénelées*, quand elles sont garnies de dents arrondies.

Il y a un grand nombre d'autres figures de feuilles, mais en voilà assez pour que vous puissiez en faire l'application aux différences qu'elles présentent.

Les feuilles simples peuvent être plus ou moins profondément incisées dans leur contour, sans que pour cela elles soient considérées comme composées.

La feuille composée, vous ai-je dit, est celle qui présente, sur un pétiole commun, plusieurs folioles qui peuvent se détacher sans déchirure, tandis que, dans la feuille simple, on ne peut en arracher une partie sans déchirer le limbe.

Les feuilles composées présentent deux modifications, selon leur naissance sur le pétiole. Elles sont *articulées*, quand elles naissent successivement au sommet les unes des autres; elles sont *conjuguées*, quand, sur ses côtés, le pétiole porte deux folioles; elles prennent le nom de *binnées*, quand les deux folioles partent du sommet; *digitées*, quand cinq folioles partent du même point; *pennées*, quand le pétiole porte sur ses côtés plusieurs folioles ; différences très sensibles avec les feuilles conjuguées, qui n'en ont qu'une de chaque côté.

On appelle feuilles *décomposées* celles qui sont, pour ainsi dire, composées deux fois, parce que le pétiole, au lieu de porter des folioles de chaque côté, présente d'autres pétioles d'où naissent les folioles, comme dans le *mimosa*.

Ainsi, les feuilles sont composées et décomposées, selon que le pétiole est ramifié ou non.

On dit encore les feuilles *unifoliolées*, *trifoliolées*, *multifoliolées*, suivant que le pétiole porte une, trois ou plusieurs folioles.

Nous n'entrerons pas davantage dans la nombreuse nomenclature des feuilles composées.

Ainsi, de tout ce que nous venons de dire, les feuilles sont *pétiolées*, *sessiles* ou *phyllodes*, selon qu'elles sont pourvues de pétioles, privées de cet organe, ou qu'elles ont le pétiole extrêmement développé.

Sous le rapport de leur naissance ou insertion, elles sont *radicales*, *caulinaires*, *florales*.

Quant à leur situation, elles sont *alternes*, *opposées*, *géminées*, *verticillées*, *imbriquées*, *fasciculées*, etc.

Perfoliées, *connées*, *enguinantes*, *rondes*, *ovales*, *arrondies*, *lancéolées*, *sagittées*, *palmées*, *digitées*, *composées*, *décomposées*, etc., etc., selon qu'elles affectent telle ou telle position, ou présentent telle ou telle figure, dont nous avons donné l'explication.

HUITIÈME LEÇON.

21 avril 1836.

Nous avons parlé, dans la dernière leçon, de l'importance des feuilles; nous avons décrit leurs caractères particuliers, leur structure, leur figure, fait connaître les différentes positions qu'elles affectent.

Nous allons nous occuper aujourd'hui de quelques autres organes, qui ne sont que ces organes modifiés : tels sont les stipules, les vrilles, les aiguillons, les épines.

Si, dans le plus grand nombre des feuilles, vous examinez la base du pétiole, vous y verrez, comme dans le tilleul, de petites écailles ou membranes foliacées; c'est ce qu'on nomme les *stipules*.

L'absence ou la présence des stipules sur les plantes est très importante; car lorsque, dans une famille, vous rencontrez cet organe sur une plante, vous le trouverez sur toutes les autres de cette même famille. Le platane, dont les feuilles portent des stipules, se distingue facilement de l'érable, qui en est dépourvu.

Il ne faut pas confondre les *stipules* avec les écailles du bourgeon.

Les *stipules* sont des organes qui tombent très facilement ; aussi est-il plus facile de les reconnaître sur les nouvelles branches que sur les anciennes. Il en reste cependant après leur chute quelque trace qu'on peut apercevoir.

Comme dans les feuilles, leur forme et leur position sont très variées ; il y en a qui naissent sur la tige, d'autres sur le pétiole. Leur nombre n'est pas le même sur toutes les plantes ; elles sont uniques sur les unes, ou le plus souvent disposées par deux sur les autres, comme dans les *rosiers.*

Les *stipules*, ordinairement placées deux à deux, sont ou soudées sur la base du pétiole, ou le plus souvent libres et ne faisant pas corps avec lui. La figure des *stipules* est aussi variée que celle des feuilles.

Examinons maintenant un autre organe, que vous avez nécessairement remarqué sur certains végétaux, sur les pois, par exemple, de la famille des *légumineuses* ou *papillonnacées*. De ces plantes partent des liens ou fils roulés en spirales, qui s'attachent aux corps voisins ; c'est ce qu'on appelle les *vrilles.*

Souvent les vrilles sont opposées aux feuilles. Dans la vigne, par exemple, on les a considérées comme des pédoncules avortés, parce que souvent cette partie, qui supporte les fleurs, s'alonge et porte parfois des fleurs et des fruits.

Il n'en est pas de même dans tous les végétaux,

car dans certaines plantes c'est la continuation, le prolongement du pétiole.

Ainsi, dans les unes, c'est le pédoncule avorté ; dans les autres, c'est le pétiole allongé.

Les vrilles naissent du sommet du pétiole, ou sont placées à sa droite ou à sa gauche. Cette position n'est pas indifférente, car elle vous servira plus tard à distinguer certaines espèces.

Les *épines* sont des prolongemens des parties internes des végétaux; aussi est-il impossible de les arracher sans déchirer le bois dont elles sont la continuation.

Leur origine est due à l'avortement des rameaux, des vrilles, des feuilles, etc.

Les *aiguillons* naissent au contraire de la partie extérieure des végétaux, de l'écorce. Il est facile de les enlever, dans le *rosier* par exemple. La nature de ceux-ci tient à celle des poils endurcis.

Nous allons maintenant examiner la structure et les fonctions de la feuille.

Déjà nous avons vu que la feuille se composait de trois parties : de l'épiderme, des vaisseaux et du tissu cellulaire.

Dans les feuilles, l'épiderme est à peu près le même que dans la tige; la face inférieure et la face supérieure en sont l'une et l'autre recouvertes.

Les pores ou ouvertures qu'on remarque sur la feuille s'appellent *stomates.*

Parfois les *stomates* sont disposés irrégulièrement, d'autres fois disposés avec une grande symétrie ; dans les plantes de la classe des Monocotylédons, leur disposition est longitudinale.

Egalement composées de vaisseaux, les nervures des feuilles s'anastomosent entre elles, et forment cette espèce de réseau qui est le squelette de la feuille.

On trouve souvent des feuilles tombées dans lesquelles le tissu cellulaire n'existe plus, détruit par le temps, l'humidité ou par quelqu'autre cause ; les nervures seules se sont conservées. On peut facilement, au moyen d'une brosse, réduire la feuille à cet état. On peut alors voir distinctement la disposition des nervures.

La nature des vaisseaux dans les feuilles est à peu près la même que dans les tiges ; il y a particulièrement des vaisseaux aériens, attendu que les feuilles sont surtout destinées à la transpiration et à l'exhalation.

Le troisième élément est le tissu cellulaire qui remplit les mailles du réseau formé par les nervures.

Ainsi donc, les feuilles sont composées d'épiderme, de vaisseaux et de tissu cellulaire.

Maintenant que nous connaissons la structure de la feuille, et les élémens qui la constituent, nous arriverons plus facilement à étudier ses fonctions.

Les feuilles ont plusieurs fonctions qui toutes sont fort essentielles. Elles absorbent et rejettent des fluides, secrètent certains liquides, et sont le siége de mouvemens intérieurs.

Passons en revue chacune de ces fonctions.

Nous disons que les feuilles absorbent des fluides. Elles les absorbent surtout par leur surface inférieure qui est ordinairement couverte d'une espèce de duvet; cette absorption se fait aussi par leur surface supérieure, mais moins abondamment; ce qui semble le prouver, c'est qu'une feuille mise sur l'eau, sur sa face supérieure, se flétrit promptement, tandis qu'elle conserve long-temps sa fraîcheur, si elle y est placée sur sa face inférieure.

Cette différence n'existe pas pour les feuilles des plantes herbacées, qui, mises en contact avec l'eau, l'absorbent également par leurs deux surfaces.

Les feuilles absorbent de l'air, des gaz, particulièrement de l'acide carbonique qu'elles décomposent.

Les feuilles transpirent particulièrement par leur surface supérieure, qui est lisse, d'une consistance plus serrée que la surface inférieure. Leur transpiration est très-considérable. Sur certaines plantes, les feuilles secrètent des liquides, des gommes, des sucs, et autres matières.

Enfin, dans beaucoup de végétaux, les feuilles exécutent des mouvemens qui tous sont fort remarquables; il n'y a guères que les feuilles articulées qui exécutent ces mouvemens.

On les remarque surtout dans certains végétaux. Il y en a qui se meuvent spontanément, d'autres seulement quand on les touche; quelques-unes n'ont pas la même position la nuit et le jour; ces mouvemens s'observent surtout dans la *casse*, dont les folioles s'abaissent en décrivant un quart de cercle, et s'appliquent dos à dos, les unes contre les autres; d'autres enfin prennent une position tout opposée.

Qui de vous n'a pas vu faire l'opération du palissage des arbres ; alors les feuilles, quand l'opération vient de se terminer, sont tournées en tous sens. Mais bientôt elles se retournent et reprennent leur position naturelle.

Il y a des végétaux chez lesquels les mouvemens sont beaucouppl us remarquables, dans les *acacias*, par exemple, dont les folioles, horizontales le matin, se dressent à mesure que le soleil s'élève et s'abaissent à mesure qu'il descend. Ce que je dis des acacias, s'observe chez un grand nombre de plantes, et c'est ce que Linnée a nommé le sommeil des plantes. Ces mouvemens nous paraissent dépendre de l'influence de la lumière.

Il y a des plantes qui ont des mouvemens tout particuliers, et qu'on ne peut attribuer qu'à l'irritabilité qui leur est propre. La *dionœa muscipula* présente un phénomène très-curieux. Si un insecte vient toucher les deux lobes ouverts à l'extrémité de ses feuilles, ils se referment sur eux-mêmes, et l'emprisonnent.

Une plante des environs de Paris, dont je vous parlerai plus tard, présente le même phénomène, mais ce sont les poils qui bordent les feuilles, qui se dressent et forment une espèce de cage d'où l'insecte ne peut sortir.

Il existe une plante nommée l'*hedysarum gyrans*, qui croît sur les bords du Gange. Ses feuilles sont ternées, la foliole du milieu se balance lentement, tandis que les deux autres, opposées entre elles, s'élèvent et s'abaissent alternativement; ces mouvemens sont très-rapides.

Vous connaissez tous la *sensitive* (*mimosa pudica*), et les mouvemens qu'exécutent ses feuilles lorsqu'on les touche. Ces mouvemens sont surtout sensibles, quand la végétation de la plante est vigoureuse, quand elle n'est pas fatiguée, ou en quelque sorte habituée aux impressions qui excitent sa sensibilité.

Le professeur Desfontaines, en transportant en fiacre des *sensitives*, sur lesquelles il avait fait des observations, s'aperçut, dans le transport, qu'aux premiers chocs les feuilles exécutaient leurs mouvemens ordinaires, mais qu'insensiblement ces mouvemens disparaissaient.

NEUVIÈME LEÇON.

23 avril 1836.

MESSIEURS,

La nutrition, dans les végétaux comme dans les animaux, est une fonction complexe qui, dans le règne végétal, a pour objet l'introduction des sucs qui doivent servir à alimenter la plante et qui en parcourent toutes les parties. Nous avons dit que cette fonction était complexe; elle se compose en effet de deux autres fonctions secondaires qui sont :

A. L'absorption des sucs nutritifs ou de la sève.

B. Le mouvement de la sève dans l'intérieur du végétal. Cette dernière fonction se compose : 1° de l'ascension du suc nutritif; 2° de la descente de ce même suc nutritif.

Occupons-nous donc maintenant de l'absorption du suc qui doit servir à la nutrition de la plante.

A. (*Absorption de la sève*) Cette absorption

s'opère par deux points; mais cependant il en est un qui est le principal, et c'est l'extrémité inférieure de la plante; en un mot, c'est surtout par les racines que l'absorption s'effectue dans les végétaux; elle se fait aussi mais faiblement par les feuilles, et même par toutes les parties extérieures du végétal. Il ne faudrait pas croire non plus que l'absorption s'opère par toute la surface des racines. Non; c'est par les extrémités très fines, très déliées des racines, par les *spongioles*, qu'a lieu cette absorption.

On a regardé l'eau comme étant le principe nutritif des végétaux: c'est une erreur. L'eau ne doit être considérée que comme le véhicule des principes qui alimentent les plantes, et le dissolvant de ces mêmes principes nutritifs; et on a vu, en effet, que les plantes périssaient dans l'eau distillée.

Les racines, que nous venons de voir comme le principal agent de l'absorption, exercent cette fonction avec une force considérable; ainsi, un expérimentateur anglais a vu que cette absorption pouvait faire monter une colonne de mercure de huit pouces. Il fit une autre expérience; après avoir coupé transversalement un cep de vigne, il adapta à la section un long tube recourbé en forme d'∽, et dont l'une des extrémités était plus longue que l'autre; il adapta la plus petite extrémité à la section transversale qu'il avait faite à la plante, puis remplit le tube jusqu'à ce que le niveau de l'eau fût à la hauteur de la section, et il observa que le liquide était parvenu dans la longue portion du tube jusqu'à la hauteur de trente-deux pieds et demi ; en sorte qu'il dut conclure que la pression exercée par l'absorption, dans le cas cité, était plus forte que la pression de l'atmosphère. Enfin la force d'absorption, ou si l'on veut la succion exercée par les racines des végétaux est d'autant plus forte que ces mêmes végétaux ont un plus grand nombre de feuilles ; et voici comment on doit l'expliquer. Les feuilles, placées dans un milieu qui présente assez ordinairement peu d'humidité, perdent une quantité d'humidité plus ou moins considérable en raison de leur plus ou moins grand nombre ; de cette déperdition, il résulte une sorte d'attraction exercée par les feuilles sur les parties plus inférieures du végétal, sorte de vide par suite duquel la sève monte vers les feuilles, et qui, comme on le comprend facilement, se prolonge jusqu'aux spongioles.

Il nous importe maintenant de bien connaître ce suc nutritif auquel on a donné le nom de *sève*. Voyons donc quels sont ses caractères, examinons sous quel aspect il se présente.

La sève est un liquide aqueux, incolore, presqu'insipide, excepté dans quelques plantes, (comme dans l'*érable à sucre*, où ce liquide est sucré) ; il contient des sels, des acides. Tels sont les caractères de la sève ascendante, car elle en présente de très différens quand elle est devenue sève descendante.

Maintenant que nous savons que les spongioles des racines servent à l'absorption des sucs nutritifs des végétaux, occupons-nous de savoir quels sont les conducteurs de la sève; en un mot, par quelle partie de la plante la sève monte-t-elle dans les végétaux? Plusieurs opinions ont été émises à ce sujet : ainsi on a prétendu que c'était par le canal médullaire, par la moëlle, qu'avait lieu cette ascension; d'autres on dit que c'était par l'écorce; mais enfin, on a reconnu que l'une et l'autre de ces opinions étaient erronées, et l'on a vu que c'était par les fibres les plus intérieures du ligneux, par celles qui avoisinent de plus près le canal médullaire, qu'avait lieu l'ascension de la sève. C'est en 1809 que l'expérimentateur Magnol s'est assuré de ce fait : 1° au moyen de l'immersion des racines dans de l'eau colorée; on conçoit facilement comment on arrive à découvrir la marche de la sève par ce moyen; 2° par la section, il s'aperçut en effet qu'un arbre qui avait été scié dans toute sa circonférence jusqu'à sa partie moyenne, présentait le phénomène suivant; c'est-à-dire, que les portions extérieures, jusqu'auprès du canal médullaire, étaient sèches, mais qu'il n'en était pas ainsi de la partie la plus voisine de ce même canal médullaire, que là, en effet, la section présentait une assez grande quantité de liquide. Il ne se contenta pas de ce fait; il fit une troisième expérience : il fit perforer, au moyen d'une forte tarière, le tronc d'un arbre, et il observa que lorsque l'instrument approcha du centre, quand les fibres les plus voisines du canal médullaire se trouvèrent divisées, il s'écoula une assez grande quantité de sève, phénomène qui ne s'était pas présenté quand les fibres externes étaient seules divisées. Ainsi donc, plus de doutes sur ce point : c'est par la partie la plus rapprochée du canal médullaire qu'a lieu l'ascension de la sève ; cependant elle ne se borne pas à monter ainsi directement en haut, elle se répand aussi de proche en proche dans les partiès latérales de la plante. Ce fait est prouvé par l'expérience suivante on fit à un arbre quatre entailles, occupant chacune le quart de la circonférence de l'arbre, et s'étendant jusqu'au canal médullaire; chacune de ces entailles était placée à une assez grande hauteur au-dessus de celle qui lui était opposée : ainsi, par exemple, il y avait une de ces entailles qui regardait le nord, une autre le sud, et qui était plus élevée que la première ; une troisième était à l'ouest et avait été faite aussi à une hauteur plus grande que la seconde ; enfin il en était de même de la quatrième, qui était à l'est. On voit par là que toute la circonférence de l'arbre était interrompue de manière à ce que les fluides nutritifs n'auraient pu monter sans se détourner de la ligne directe, et que les parties supérieures de la plante auraient péri faute de sucs nourriciers, et cependant la végétation continua à se faire dans les parties supérieures, ce qui fit conclure à Halès que la sève se répandait latéralement : du reste Magnol a pu voir que ce phénomène avait lieu en quelques minutes. Il est facile, du reste, de s'assurer de ce fait; quand, par la chaleur d'un jour d'été, les feuilles sont pendantes, flétries, ne suffit-il pas de quelques heures pour qu'elles reprennent tout leur éclat et toute leur vigueur après que la plante a été arrosée.

La sève, que nous avons dit être un liquide incolore, ne présente pas toujours le même aspect. Ainsi on observe quelquefois des petits granules colorés qui surnagent dans un milieu aqueux, et qui paraissent continuellement en mouvement; c'est surtout dans les plantes aquatiques qu'on a pu bien observer ce phénomène; ces plantes ne présentent pas de vaisseaux proprement dits; ce sont des espèces de cellules longues dans lesquelles on observe ce phénomène. Dans une espèce de *carra* les vaisseaux contiennent des granules d'une couleur jaunâtre plus rapprochés des parois des vaisseaux, et jouissant de quatre mouvemens, un ascendant vertical, un horizontal supérieur, un vertical descendant et un horizontal inférieur. On observa aussi des phénomènes analogues dans la *grande éclaire* (chelidonium majus, dont la sève est colorée en jaune); enfin il est facile de voir ce mouvément dans les stipules des diverses espèces du figuier que l'on a dépouillées d'épiderme. Dans ces plantes toute la masse du fluide est en mouvement.

M. de Candolle admettait que la circulation de la sève se faisait dans le tissu cellulaire sans vaisseaux intermédiaires; mais la présence des vaisseaux a été depuis mise hors de doute, et c'est surtout par les expériences faites sur les végétaux à sève colorée que cette découverte a été faite: ces vaisseaux ont reçu le nom de *lactescifères ou lymphatiques*. Ces vaisseaux sont très souvent anastomosés et le suc nutritif circule véritablement dans leur cavité, et revient plusieurs fois par ces mêmes anastomoses avant de pénétrer plus supérieurement. Cette circulation ressemble beaucoup à celle de certains animaux placés aux degrés inférieurs de l'échelle zoologique, aux annélides, par exemple.

La sève circule donc, comme nous venons de le voir, dans les plantes; examinons maintenant quelle est la cause de cette circulation.

Saussure, de Candolle et quelques autres ont prétendu que ce phénomène était dû à la contraction du tissu cellulaire; d'autres ont dit que la sève montait par suite de la capillarité des vaisseaux; mais alors pourquoi n'a-t-elle plus lieu quand la plante est morte? Elle n'est donc pas seulement due à cette cause: il en est une autre que nous allons examiner.

C'est à M. Dutrochet que la science est redevable de la découverte de cette cause. En examinant les fructifications des moisissures, il y vit de petits globules qui sortaient par une ouverture faite à la partie supérieure, et suivis de la sortie d'une certaine quantité d'eau; M. Dutrochet observa à peu près le même phénomène sur la vésicule abandonnée par l'organe mâle des limaces à l'instant de la copulation. Il prit alors un cœcum de poulet, le remplit de lait, et après l'avoir fermé et pesé, il le plaça dans un vase contenant de l'eau; le cœcum rempli de lait pesait 196 grains, 36 heures après cette immersion, il pesait 304 grains.

Il vit que le liquide le plus dense attirait à lui, à travers la membrane organisée, le liquide le moins dense, et il donna à ce phénomène le nom d'*endosmose* ; il ne s'arrêta pas à cette expérience, il en fit une opposée, c'est-à-dire qu'après avoir rempli un cœcum de poulet avec de l'eau, il le plongea dans un vase contenant du lait, et il s'assura que l'eau avait de même été attirée par le lait, c'est ce qu'il désigna sous le nom d'*exosmose*. Enfin M. Dutrochet remplit de nouveau un cœcum de lait, y adapta un tube recourbé qu'il fit plonger dans un liquide moins dense, et il observa encore l'attraction dont nous avons parlé plus haut. Il put donc faire l'application de ce principe à l'absorption qui a lieu dans les végétaux, en regardant les radicules du chevelu, plongées dans un milieu contenant une certaine quantité d'eau, comme les tubes devant servir à l'endosmose.

Mais, Messieurs, il est impossible de n'admettre qu'une seule cause pour l'exercice de l'absorption dans les végétaux, car on peut faire entrer dans l'intérieur des plantes des fluides d'une densité plus grande que ceux qu'ils contiennent; on doit aussi admettre que la capillarité joue un rôle dans cette fonction, pourquoi la rejetterait-on dans les vaisseaux des plantes? Enfin, Messieurs, il est quelque chose qui nous échappe : il y a là quelque force puissante qu'on peut appeler *force vitale*.

DIXIÈME LEÇON.

26 avril 1836.

Dans la dernière leçon, Messieurs, nous nous sommes occupés de la nutrition des végétaux ; nous avons étudié l'absorption des sucs qui constituent la sève, et nous avons examiné en vertu de quelle force ce suc, que nous avons appelé sève ascendante, monte dans les végétaux depuis leurs parties inférieures jusqu'à leur extrémité supérieure; je vous ai fait connaître les expériences de Coulon et de Duhamel à ce sujet, nous avons vu aussi que non seulement les sucs, pris par les extrémités des radicules des végétaux, montent directement dans le tronc, et jusqu'aux feuilles par les couches ligneuses les plus rapprochées du canal médullaire, mais qu'aussi ces sucs se répandent dans toutes les directions, fait qui nous a été prouvé par l'expérience que je vous ai rapportée, et dans laquelle on aurait interrompu par plusieurs incisions transversales la communication directe de la partie supérieure d'un arbre avec la partie inférieure, et que cependant la circulation de la sève avait continué ; nous avons examiné aussi les diverses opinions qui avaient été émises sur l'absorption des végétaux, et sur les causes de cette importante fonction; nous avons vu qu'on ne pouvait admettre, que ce fût par la contraction du tissu cellulaire; nous avons vu aussi que ce ne pouvait être seulement par la capillarité, comme quelques savans l'ont cru ; mais nous n'avons pas rejeté cette cause de l'ascension des fluides dans les végétaux; enfin, je vous ai fait connaître les expériences de M. Dutrochet, sur l'endosmose et sur l'exosmose; mais je vous ai dit que, bien que l'endosmose dût jouer un rôle très important dans la fonction qui nous occupe, on ne devait pas admettre qu'elle fût la seule cause du phénomène de l'ascension des sucs dans l'intérieur des plantes ; je vous ai dit qu'on devait aussi faire jouer un rôle à la capillarité; enfin, je vous ai dit qu'il y avait dans ce phénomène, comme dans beaucoup d'autres que l'on observe chez les êtres organisés, quelque chose qui était au-dessus de nos connaissances, quelque force que l'on peut désigner sous le nom de force vitale.

Aujourd'hui, nous allons continuer ce que nous avons commencé relativement à la nutrition des végétaux. Quand la sève s'est ainsi répandue, comme nous l'avons vu, dans les diverses parties du tronc et des branches, elle est attirée jusque dans l'intérieur des feuilles, et dans cette partie des végétaux elle éprouve une élaboration que nous allons étudier ; mais avant, je dois vous rappeler que les feuilles sont des organes composés d'un lacis très serré de petits vaisseaux; les mailles qui séparent la trame de ce lacis, sont remplies de tissu cellulaire; on observe aussi à la surface de ces mêmes feuilles de petites ouvertures que nous avons appelées, comme vous vous le rappelez, des *stomates*. C'est quand elle est parvenue dans les feuilles, que la sève ascendante éprouve l'élaboration dont je vais vous entretenir, et qui consiste dans la déperdition d'une certaine quantité de l'eau qui entre dans sa composition; c'est cette déperdition que l'on a désignée sous le nom de transpiration des végétaux; tantôt cette transpiration se fait sous forme de vapeur, d'autres fois elle se condense; c'est aussi dans l'intérieur des feuilles que s'opère un phénomène bien important, je veux parler du contact qui a lieu entre la sève et les différens fluides gazeux absorbés par la surface des feuilles; ces fluides gazeux sont:

1° L'air atmosphérique; 2° l'acide carbonique. Ainsi, comme nous le voyons, les plantes présentent, outre la transpiration dont je viens de parler, un autre phénomène que l'on peut désigner sous le nom de *carbonisation*, ou mieux encore de *respiration des végétaux;* c'est alors que la sève peut servir au développement des différens organes, comme nous le verrons plus tard; dans quelques végétaux les feuilles excrètent une substance particulière, et qui varie suivant les diverses espèces de plantes : ainsi, c'est tantôt une substance gommeuse, tantôt une matière cireuse, etc. Après toutes ces élaborations, la sève, vous ai-je dit, redescend; ainsi, comme nous le voyons,

BIBLIOTHÈQUE ROYALE Richard. I

il y a bien deux mouvemens dans la sève; mais c'est surtout lorsque la sève est devenue sève descendante, que la nutrition s'opère.

Je vous ai dit plus haut que c'était lorsque la sève était arrivée dans l'intérieur des feuilles, que s'opérait la transpiration, et vous devez juger combien elle doit être abondante, en réfléchissant à la surface que représentent ces mêmes feuilles réunies. Comme je vous l'ai déjà dit, la transpiration sort tantôt sous fome de vapeur; mais, quand l'atmosphère est froide, elle se condense et forme des petites gouttelettes sur la surface des feuilles. On a cru que ces gouttelettes étaient produites par la rosée; je ne prétends pas que toute l'eau que l'on observe sur la surface des feuilles soit le produit de la transpiration, mais je dis qu'on l'observe dans quelques circonstances; ainsi on en a trouvé fréquemment à l'extrémité des feuilles des *graminées*, sur la surface des feuilles de quelques plantes de la famille des *crucifères*, et aussi sur les feuilles *bulbeuses;* enfin, pour prouver ce fait, on a eu recours à l'expérimentation : Coulon, à qui nous devons des expériences qui ont démontré l'ascension de la sève par les couches ligneuses les plus intérieures, prit un pot dans lequel se trouvait une jeune plante de pavot, il intercepta, au moyen d'une lame de plomb, l'humidité qui pouvait monter de la terre vers les feuilles, puis recouvrit la plante au moyen d'une cloche ; ainsi la plante se trouvait à l'abri de l'humidité de l'air, et cependant il trouva sur la surface des feuilles des gouttelettes d'eau; évidemment cette eau avait été fournie par la transpiration. Enfin, Messieurs, d'autres expériences ont été faites, et M. Mirbel a remarqué que l'état plus ou moins chaud, plus ou moins humide de l'atmosphère, exerçait une grande influence sur la formation de la transpiration des végétaux : ainsi il a vu que cette transpiration était plus abondante dans le jour que dans la nuit; qu'elle était plus abondante dans une atmosphère chaude que dans une atmosphère froide.

Toute l'eau qui est absorbée par les végétaux, n'est pas rejetée par la transpiration ; en général on peut évaluer aux deux tiers la quantité d'eau rejetée ainsi par la transpiration, et une grande partie de l'autre tiers est décomposée.

Ainsi, nous voyons donc qu'il s'opère une sorte de transpiration dans les végétaux, nous voyons que cette transpiration se présente tantôt sous forme de vapeur, alors elle nous échappe, et tantôt sous la forme d'un liquide, qui s'amasse sur la surface des feuilles.

Ce n'est pas là le seul phénomène que je vous ai indiqué; je vous ai dit qu'il y avait aussi dans les végétaux un travail que l'on pouvait appeler *respiration des végétaux*. Voyons maintenant en quoi consiste cette fonction, et comment elle s'opère; on peut la diviser en deux parties bien distinctes, d'abord un phénomène par lequel la plante absorbe des fluides gazeux qui plus tard doivent être mis en rapport avec les sucs qui servent à la nutrition de la plante. Les gaz, absorbés par les plantes, sont :

1° L'air atmosphérique, 2° le gaz acide carbonique. C'est surtout par les feuilles que les végétaux absorbent les fluides gazeux ; mais ce n'est pas exclusivement par ces organes que cette absorption a lieu: elle s'opère encore par les racines, et cette dernière assertion est prouvée par l'expérience dont nous avons déjà parlé, et dans laquelle un arbre ayant été scié transversalement jusque vers la partie centrale, et ensuite rompu, on vit sortir en même temps que la sève ascendante, des bulles de gaz; d'où provenait ce gaz? évidemment des parties inférieures du végétal: en effet, l'air pénètre encore dans les végétaux par toute leur surface extérieure; tout l'air absorbé par les diverses parties des végétaux n'est pas employé à leur profit, il en est une certaine portion qui en est expulsée, et on peut facilement se convaincre de ce fait en plaçant une branche dans l'eau, et en l'exposant à la lumière ; on la voit aussitôt se couvrir de petites bulles gazeuses.

Outre l'air atmosphérique, les végétaux, ai-je dit, absorbent du gaz acide carbonique; cette absorption présente quelqu'intérêt à considérer; c'est surtout lorsque la plante est exposée aux rayons directs du soleil que l'absorption de l'acide carbonique a lieu; de plus dans les mêmes circonstances cet acide est décomposé, l'oxigène est chassé et le carbone reste pour former la base du végétal; ce fait a été mis hors de doute par des expériences faites sous une cloche. Quand les plantes ne sont plus exposées comme tout à l'heure à l'action directe de la lumière, elles absorbent bien encore du gaz acide carbonique, mais alors cet acide n'est pas décomposé; ce fait existe, mais il est impossible , dans l'état actuel de la science, d'expliquer un pareil phénomène; nous voyons bien là l'influence de la lumière directe, mais, je le repète, nous ne pouvons nous en rendre compte. Ainsi, Messieurs, nous retrouvons dans les végétaux deux mouvemens respiratoires, si je puis m'exprimer ainsi, analogues à ceux que l'on observe dans les animaux: je veux parler de l'absorption des gaz et aussi de l'expulsion de ces gaz après qu'ils ont servi à la nutrition de la plante.

Voyons donc maintenant comment ces gaz servent à la nutrition des végétaux. Je vous ai dit que la sève arrivée aux feuilles se répandait dans les nombreux vaisseaux qui forment la trame de ces organes; nous savons aussi, Messieurs, qu'il y a dans les feuilles des petites cavités, communiquant avec l'air extérieur au moyen des stomates, et remplies des gaz absorbés par les feuilles. Eh bien! c'est là que se fait la carbonisation, l'hématose (passez-moi cette expression) de la sève; elle s'opère absolument comme dans les organes respiratoires des animaux; l'air réagit ici sur les sucs renfermés dans les innombrables cavités que présentent les feuilles : il se passe nécessairement quelque chose d'analogue, car l'air est décomposé; ainsi à mesure qu'on examine l'air des feuilles ou des racines, on trouve qu'il perd de plus en plus son oxigène; dans les feuilles on en trouve dix-huit parties, il n'y en a plus que seize dans le tronc, et enfin on n'en rencontre plus que huit dans les racines. Il est donc impossible, Messieurs, de ne pas admettre cette vérité que l'air est là en contact avec la sève, et qu'il se passe des changemens analogues à ceux que l'on observe dans la respiration des animaux. Au premier abord sans doute, on ne voit pas qu'il puisse y avoir une grande analogie; mais, Messieurs, c'est en examinant les différens êtres organisés, et en descendant dans l'échelle animale, qu'on trouve cette analogie plus frappante ; car il ne faut pas comparer la carbonisation de la sève à la carbonisation du sang dans les oiseaux et les mammifères ; c'est chez les insectes qu'on trouve les points de comparaison ; chez eux, en effet, on ne trouve pas de poumons, mais bien une longue file de petits vaisseaux, par lesquels l'air est introduit pour être mis en contact avec le sang ; nous voyons donc là, dans les végétaux comme dans les insectes, une respiration imparfaite relativement à celle de l'homme ; les organes, dans les insectes et dans les végétaux, sont pour ainsi dire les mêmes, il n'y a pas de centre de la respiration, l'air est pris par le fluide nutritif dans toute la plante, dans tous ses points.

Tels sont les phénomènes que nous présente la respiration ; voyons maintenant quels sont les résultats du contact de l'air avec les fluides nourriciers des végétaux.

Je vous ai dit que les plantes excrétaient certaines substances, telles que de la gomme, de la cire, de la matière sucrée; ce sont de véritables excrétions : la plante s'en débarrasse, comme de choses inutiles à son développement; c'est pendant l'ascension de la sève que ces produits sont formés; voyons maintenant ce que c'est que la sève descendante.

La sève descendante est le véritable suc nutritif de la plante ; quelques auteurs ont nié son existence ; mais des observations et des expériences directes sont venues démontrer l'erreur de cette opinion :

Si on fait au tour du tronc d'un arbre une ligature assez fortement serrée, on observe, au bout de quelques années, qu'il existe, au-dessus de sa ligature, un bourrelet assez volumineux, et l'on observe en même temps que la partie de l'arbre située au-dessous de la ligature est restée dans l'état dans lequel elle se trouvait, lorsqu'on a fait la ligature ; en un mot, que cette portion de l'arbre n'a pas pris d'accroissement : il a donc manqué dans sa partie inférieure des sucs propres à sa nutrition, et ces sucs ont évidemment été interceptés par la ligature, puisqu'au-dessus d'elle l'arbre a pris du développement, preuve directe, irrécusable, qui prouve que non-seulement il y a une sève descendante, que c'est cette sève qui sert au développement de la plante, mais qu'encore cette sève descend des feuilles vers les racines en suivant les parties extérieures de la plante. Si on vient à couper le bourrelet, on trouve qu'il est formé d'autant de couches ligneuses qu'il y a d'années qu'on avait appliqué la ligature, et qu'il en manque un égal nombre dans la partie située au-dessous ; en sorte que si l'arbre avait vingt ans, lorsqu'on appliqua la ligature, et que celle-ci y fût depuis dix ans, on trouvera à la partie inférieure dix couches ligneuses distinctes, en moins qu'à la partie supérieure.

La sève qui descend ainsi par la partie extérieure de la plante, diffère beaucoup de celle que nous avons vu monter par la partie intérieure; en effet, elle a été modifiée par l'air; ainsi la sève descendante est liquide, aqueuse, presqu'insipide et incolore, excepté dans quelques plantes, telles que les euphorbes, etc.

La sève descendante, au contraire, est moins aqueuse, elle contient en dissolution des matières gommeuses, sucrées; comme nous le savons, ces matières varient suivant les diverses espèces de plantes.

Quelques auteurs ont confondu la sève descendante avec les sucs propres; mais pour voir que cette opinion est erronée, il suffit de penser que la sève descendante existe dans tous les végétaux, et que, par conséquent, on devrait trouver des sucs propres dans tous; or, cela n'existe pas. Les sucs propres, comme je l'ai dit, doivent être assimilés aux matières excrémentitielles des animaux. Ces sucs sont renfermés dans des organes spéciaux, ce qui n'a pas lieu pour la sève descendante.

Ainsi il n'y a plus de doute pour nous à ce sujet : il y a une sève descendante, et c'est cette sève qui est le véritable suc nutritif de la plante.

Maintenant que nous avons suivi la marche de la sève, voyons comment se forment les diverses parties des végétaux; mais avant, examinons quels sont leurs élémens. Nous trouvons, par l'analyse chimique, que les végétaux sont composés de *carbone*, d'*hydrogène*, d'*oxigène* et d'*azote*. Mais maintenant, occupons-nous de savoir comment ces élémens se rencontrent, se trouvent dans les végétaux, comment ils y arrivent.

1° Le carbone; c'est l'élément principal, c'est lui qui forme la base des plantes; il n'y arrive pas à l'état de carbone, car nous savons que ce corps simple n'est pas très-répandu à cet état dans la nature, c'est donc par l'acide carbonique absorbé par le végétal; ce gaz, en effet, est abondant dans l'air; il est aussi abondant dans les engrais; la plante l'absorbe ainsi à l'état de gaz, l'oxigène est expulsé comme nous l'avons vu et le carbone reste.

2° L'hydrogène vient évidemment de l'eau absorbée, car cette eau, comme nous l'avons vu, n'était pas toute rejetée par la transpiration.

3° L'oxigène est produit par suite de la décomposition des gaz absorbés et décomposés; ainsi, il est produit aux dépens du gaz acide carbonique, de l'air atmosphérique, et même de l'eau qui est décomposée.

4° Quant à l'azote, ce n'est que dans quelques cas exceptionnels qu'on rencontre ce gaz dans la composition des végétaux, et il provient de la décomposition de l'air atmosphérique.

Mais outre ces corps simples, on trouve dans les végétaux des sels, des oxides métalliques; quelle est leur origine?

M. Braconnot prétend qu'ils s'y forment de

toutes pièces, sans qu'on en puisse rendre compte. Mais il résulte des expériences de M. Lassaigne, que ces sels sont absorbés par les racines : ainsi, il prit six grammes de grains de sarrazin, les plaça dans un petit vase plat en porcelaine renfermant de la fleur de souffre, les arrosa et les exposa à la lumière, en un mot, les fit germer; puis ensuite il les incinéra; (vous savez que c'est par ce moyen qu'on obtient les substances métalliques); il prit ensuite la même quantité de grains non germés, les incinéra de même, et il vit qu'il y avait la même quantité de sel dans les grains germés que dans ceux qui n'étaient pas germés.

Nous venons de voir l'origine des principes élémentaires des végétaux; nous nous sommes rendus compte de leur formation. Il nous reste une autre tâche à remplir ; pouvons-nous nous rendre aussi facilement compte de la formation des principes immédiats? Non, cela n'est pas aussi facile : cependant examinons quelle est leur composition chimique? Ils sont formés des mêmes élémens dont nous avons parlé, mais les élémens sont combinés sous l'influence de l'organisation des végétaux qui les produisent; et c'est là ce qui nous échappe; pouvons-nous mieux nous expliquer les transformations de la plante? non; originairement la plante n'est formée que de tissu cellulaire, mais nous ne pouvons nous expliquer la formation de ces vaisseaux nombreux que nous y rencontrons, non plus que la formation des principes immédiats; le sol n'exerce pas d'influence sur la formation de ces principes, comme on l'a prétendu ; ainsi, qu'on fasse croître une betterave dans un terrain siliceux ou dans une bonne terre, elle n'en contiendra pas moins de sucre, mais peut-être prendra-t-elle moins d'accroissement. Le sol exerce une influence sur les sels qu'on rencontre dans les plantes, parce que ces sels y sont apportés tout formés et entrent dans la plante lorsqu'ils sont dissous par les fluides qu'elle prend au lieu dans lequel elle se trouve : c'est ainsi que nous trouvons de l'hydrochlorate de soude dans les plantes qui croissent sur le bord de la mer; c'est ainsi que nous rencontrons du nitrate de potasse dans la pariétaire qui croît sur les murs, ou auprès de nos habitations.

Nous terminerons ici, Messieurs, ce que nous avons à dire sur la nutrition des végétaux.

ONZIÈME LEÇON.

28 avril 1836.

De la génération ou reproduction des plantes.

Messieurs,

Nous avons dit que les végétaux, de même que les autres êtres organisés, vivaient et se reproduisaient, qu'en un mot ils avaient deux fonctions importantes : la nutrition et la reproduction ; nous avons vu que la première fonction, la nutrition, en présentait deux autres également importantes à étudier : l'absorption et la respiration dans les végétaux ; mais ce n'est pas là le seul but de la nature : les plantes, après avoir absorbé, par leurs racines, les matériaux propres à leur nutrition, et après avoir élaboré ces matériaux, finissent par perdre, au bout d'un certain temps plus ou moins long, selon les diverses circonstances, les plus nécessaires à l'entretien de leur vie, si l'on peut s'exprimer ainsi ; elles fininissent par périr ; il fallait donc qu'elles pussent se reproduire, et, bien que la nutrition soit la fonction la plus importante, elle n'est donc pas la seule : il en est une autre qui présente aussi le plus grand intérêt, et cette fonction, je le répète, est celle par laquelle les végétaux se reproduisent, par laquelle ils créent des êtres qui doivent être semblables à eux; cette fonction est, en un mot, la *génération*.

Comme nous le savons, tous les êtres organisés, animaux ou végétaux, se reproduisent au moyen d'organes destinés à cette importante fonction; nous allons donc examiner les organes destinés à la reproduction dans les plantes. Ici encore, comme dans tous les êtres organisés, il y a deux organes destinés à la génération; ces organes sont, comme dans les animaux, d'une part, un organe renfermant les germes, et qui est l'organe femelle, qu'on nomme le *pistil;* d'une autre part, un organe dans lequel est renfermée la matière qui, portée sur les germes contenus dans l'organe femelle, doit les féconder et les rendre propres à la reproduction; cet organe, qui est l'organe mâle, a reçu le nom particulier d'*étamine;* ainsi, nous voyons déjà deux organes distincts qui différencient les sexes dans les végétaux : l'étamine, ou organe sexuel mâle, et le pistil, ou organe sexuel femelle.

Examinons donc ces deux organes : le pistil se compose 1° d'une partie inférieure plus ou moins développée, d'une forme variable, présentant une cavité dans laquelle sont renfermés les germes; cette première partie, qu'on nomme l'*ovaire*, donne naissance, par sa partie supérieure, à un autre petit organe variable aussi dans sa forme, mais assez généralement mince, filiforme, et qu'on appelle le *style*; enfin, cette seconde portion de l'organe femelle est surmontée d'un corps glanduleux, le plus souvent bifurqué, et auquel on a donné le nom de *stigmate*. Cet organe est destiné à recevoir l'impression de la matière fécondante, qui est transmise aux germes par le style.

L'étamine est formée par une petite capsule creuse, formée de deux cavités qui renferment la matière fécondante; cette matière, à laquelle on a donné le nom de *pollen*, se présente sous forme d'une poudre jaunâtre; la capsule dont je viens de vous parler, et qui renferme le pollen, a reçu le nom particulier d'*anthère* : l'anthère est supporté par un autre organe filiforme qu'on désigne sous le nom de *filet*.

Dans les animaux, les organes sexuels sont séparés sur deux individus, et les exceptions sont très rares. Il n'en est pas de même dans les plantes, car le plus grand nombre présentent les deux sexes réunis sur le même individu.

Il est facile de se rendre compte de cette différence qui existe entre les animaux et les végétaux; les premiers, en effet, peuvent se porter d'un lieu dans un autre; les plantes, au contraire, sont fixées au sol; elles ne peuvent, par conséquent, se rapprocher. Nous voyons donc qu'il était nécessaire que l'hermaphrodisme fût une règle générale pour les plantes. Il existe encore, sous le rapport des organes sexuels, une différence entre les végétaux et les animaux : chez les animaux; par exemple, les organes sexuels sont formés quand le fœtus vient au monde; ils ne se développent et ne peuvent remplir la fonction de la reproduction que plus tard, cela est vrai, mais ils existent; chez les végétaux, au contraire, les organes sexuels ne paraissent que plus tard, à l'époque où la fécondation s'opère, lorsque la plante est arrivée à l'âge de puberté, s'il m'est permis de m'exprimer ainsi; et, quand la fécondation a eu lieu, ces organes disparaissent; ils meurent après avoir rempli une fois leur fonction, ce qni n'a pas lieu pour les animaux.

Nous venons, Messieurs, de vous faire connaître les organes principaux de la reproduction; ces organes sont environnés de parties accessoires, nous voulons parler de la fleur; ainsi, tantôt les organes sexuels sont réunis sur la même fleur, tantôt ils sont séparés. Ainsi, nous devons dire que la fleur est la réunion des organes destinés à la reproduction; mais la partie essentielle de la fleur est formée par les organes sexuels; c'est ainsi, par exemple, que certaines fleurs pour le botaniste, ne sont pas regardées comme telles par le vulgaire : telles sont les fleurs du chêne, du saule et de quelques autres plantes. Je viens de vous dire que les organes sexuels étaient portés le plus souvent sur le même individu; d'autres fois les sexes sont portés par deux fleurs différentes; c'est le plus grand degré de simplicité qu'on puisse trouver; ainsi, les fleurs du saule nous en offrent un exemple.

Mais, pour que le botaniste trouve les fleurs complètes, il faut que les sexes soient réunis, et, de plus, qu'ils soient protégés par des organes particuliers, à la réunion desquels on a donné le nom de *périanthe*.

Le périanthe est ordinairement composé de deux séries d'organes qu'on désigne, la plus interne, par le nom de *corolle ;* la plus externe est appelée *calice*. Ainsi, pour nous, une fleur sera complète quand nous la trouverons composée des organes sexuels, de la corolle et du calice.

Toutes les parties qui constituent la botanique présentent de l'importance à examiner; mais vous devez savoir, Messieurs, que l'organisation de la fleur est de la plus haute importance, car c'est sur cette organisation qu'est basée l'étude et la connaissance exacte des plantes; c'est d'après cette organisation qu'ont été formés les différens groupes de plantes. Occupons-nous donc maintenant de l'étude de cette partie des végétaux.

En général, le centre de la fleur est occupé par le pistil, autour duquel sont groupés les autres organes qui constituent la fleur, ainsi que nous allons le dire. On rencontre d'abord, toujours en procédant du centre de la fleur, qui est occupé par le pistil, à sa circonférence, les organes mâles en plus ou moins grand nombre; ensuite on trouve une série d'organes variant par leur forme, leur couleur et leur nombre : c'est la corolle; en dehors enfin, on trouve le calice; en sorte que la fleur est composée de quatre cercles renfermés les uns dans les autres.

Pour bien reconnaître ces différens organes, il faut étudier les fleurs partout où vous les trouverez, et toujours procéder, comme je viens de vous le dire, du centre à la circonférence. Prenons un exemple, la giroflée : dans le centre, nous trouvons un petit corps allongé ; si nous le coupons, nous voyons qu'il renferme des germes, et de plus, qu'il est surmonté d'un petit corps que nous connaissons facilement pour le stigmate; ce corps est donc le pistil. Plus en dehors de ce corps, et groupés autour de lui, nous rencontrons six petits corps semblables entre eux, surmontés d'un petit appendice glanduleux : ce sont les organes sexuels mâles, les étamines. Voilà donc déjà, pour cette plante, la partie essentielle, fondamentale de la fleur; nous trouvons, plus en dehors que les étamines, quatre pièces colorées en jaune; ces quatre pièces composent la corolle. Enfin, plus en dehors, nous trouvons encore quatre pièces semblables entre elles, et qui forment ce que l'on désigne sous le nom de calice.

Chacune des pièces qui forment la corolle se nomme *pétale*, et la corolle est appelée *monopétale* ou *gamopétale*, quand elle n'est formée que d'une pièce, et *polypétale* quand il en entre plusieurs dans sa composition.

Chacune des pièces qui constituent le calice a reçu le nom de *sépale*, et le calice est appelé *monosépale* ou *polysépale*, suivant qu'il présente un ou plusieurs sépales.

Dans les fleurs où la corolle n'est formée que d'une seule pièce, c'est-à-dire, quand elle est gamopétale, c'est sur la corolle elle-même qu'on doit chercher les organes sexuels mâles; c'est sur la corolle elle-même qu'ils s'insèrent par la base du filet.

Toutes les fleurs, comme je vous l'ai déjà dit, ne présentent pas cette complication, ou plutôt cet état complet; ainsi, dans la tulipe, nous rencontrons bien au centre le pistil, en dehors les étamines; mais, tout-à-fait en dehors de ces organes, nous trouvons six pièces semblables ne formant qu'un seul et même cercle, diversement colorées; enfin, nous ne trouvons qu'un périanthe simple; eh bien, dans ce cas, nous avons un calice. Nous verrons plus tard les raisons physiologiques qui ont engagé les botanistes à placer ce périanthe parmi les calices.

Ainsi, nous voyons qu'une fleur complète doit se composer de la réunion des organes sexuels et des organes accessoires ou protecteurs, la corolle et le calice; mais que la partie fondamentale, essentielle de la fleur, est constituée par les organes sexuels; nous voyons aussi que quelquefois un des cercles du périanthe manque, et qu'alors le périanthe qui existe, bien qu'il soit coloré et qu'il présente aux yeux du vulgaire les apparences de la corolle, que, dans ces cas, dis-je, le périanthe est formé seulement par le calice, et que c'est toujours la corolle qui manque.

Quelquefois, vous ai-je dit, on ne trouve pas des fleurs aussi composées; ainsi, si nous faisions l'analyse de la fleur du saule, du noyer, nous ne trouverions pas d'enveloppes florales.

Il arrive quelquefois aussi qu'on rencontre sur la même fleur un ou plusieurs organes mâles, un ou plusieurs organes femelles.

Je vous ai dit que la fleur était essentiellement

composée par les organes sexuels ; il y a cependant deux exceptions. Ainsi, en faisant l'analyse de la fleur d'hortensia, de la boule de neige, vous ne rencontrerez pas d'organes sexuels ; ce sont des cas accidentels, et les fleurs sont dites *neutres*.

Nous venons de voir la fleur proprement dite ; occupons-nous maintenant de quelques parties qui lui sont accessoires. Souvent les fleurs sont supportées par un prolongement analogue au pétiole des feuilles, et que l'on désigne sous le nom de *pédoncule;* mais souvent ce pédoncule manque; la fleur est dite alors *sessile*. Le pédoncule peut être simple, ou ramifié, comme dans le lilas ; dans ces cas, on nomme les ramifications du pédoncule des *pédicelles*.

Le pédoncule peut naître de différentes parties : il est *caulinaire*, quand il naît sur la tige ; s'il naît sur la racine, on l'appelle *radical*.

Il y a une espèce de pédoncule auquel on a donné un nom particulier, et dont je vous ai déjà parlé à l'occasion des tiges souterraines, c'est la *hampe :* il naît du milieu d'un assemblage de feuilles ; la hampe est rare dans les dicotylédons ; elle est au contraire commune dans les plantes monocotylédones ; enfin, le pédoncule peut porter un plus ou moins grand nombre de fleurs. Il est inutile que je m'étende davantage sur ces dénominations, elles se comprennent d'elles-mêmes.

On trouve souvent auprès des fleurs des feuilles qui les accompagnent, et auxquelles on a donné le nom de *feuilles florales;* elles sont ordinairement plus petites que les autres feuilles de la plante ;

mais, parmi les feuilles florales, il en est qui diffèrent essentiellement des autres, et qui, pour cette raison, ont reçu des dénominations particulières : ainsi, on nomme *bractées* celles qui ont la forme de petites écailles. Nous voyons donc qu'on distingue deux sortes de feuilles qui accompagnent la fleur. Quand plusieurs de ces feuilles se trouvent réunies à la base d'une fleur, on a donné à l'assemblage qu'elles constituent le nom d'*involucre*; on en trouve des exemples dans la famille des Ombellifères. Quelquefois on trouve, en dehors du calice, un second calice; quand cette distinction se rencontre, on désigne cette sorte d'involucre sous le nom de *calicule*; c'est un organe important, car il sert à établir des différences entre les différens genres des familles, comme dans celle des Malvacées.

Souvent aussi on trouve encore des assemblages d'écailles que l'on rencontre plus tard sur le fruit, avec lequel elles se sont développées ; c'est ce que l'on appelle une *cupule*, comme on le voit dans le chêne : ces cupules présentent des formes très variables. On doit comprendre sous ce nom plusieurs organes qui, au premier aspect, ne doivent pas y être compris : ainsi, dans la noisette, avant la fructification, ce n'étaient que des folioles qui se sont développées en même temps que le fruit, et ont formé une véritable cupule. Enfin, il y a encore l'enveloppe ligneuse du châtaigner, qui présente beaucoup de ressemblance avec le péricarpe ; dans ce cas, on lui ajoute l'épithète de *péricarpoïde*.

Pour terminer tout ce qui a rapport à ces enveloppes extérieures, parlons des *spathes*, qui ne sont rien autre chose que des écailles qui, avant l'épanouissement de la fleur, la recouvraient en entier, comme on le voit dans la famille des Iridées; on le rencontre aussi dans le genre *allium*; ainsi donc, quand une bractée est assez grande pour envelopper la fleur avant son épanouissement, on l'appelle *spathe*. Cette écaille se rompt ordinairement pour laisser sortir la fleur. Sa nature est très variable : tantôt elles sont *minces*, *papiracées*, comme dans les iris; d'autres fois elles sont *foliacées*, ce ne sont que des feuilles modifiées; d'autres fois enfin elles sont colorées, comme dans la famille des Aroïdées. Elles peuvent prendre un accroissement très considérable, comme dans le palmier; elles peuvent avoir alors une consistance ligneuse.

DOUZIÈME LEÇON.

30 avril 1836.

Dans ma dernière leçon, Messieurs, je vous ai donné une idée générale des fleurs ; je vous ai dit que les fleurs, comme les animaux, étaient pourvues, pour les fonctions de la reproduction, d'organes mâles et d'organes femelles. Nous avons vu que l'organe femelle se nomme pistil, et l'organe mâle étamine ; que ces deux organes étaient eux-mêmes composés: le pistil, d'une partie inférieure, cavité dans laquelle se trouvent les germes, ensuite d'une autre partie qu'on appelle le style, puis enfin d'un organe glanduleux qui reçoit l'impression de la matière fécondante, et qu'on appelle le stigmate.

Nous avons vu que l'étamine était composée du filet, espèce de support qui est surmonté par un petit corps creux dans lequel est renfermée la matière fécondante. Nous vous avons dit que ce petit corps creux avait reçu le nom d'anthère, et que l'on appelait pollen la matière fécondante qui se présente sous forme d'un poudre plus ou moins jaunâtre. Le plus communément, vous ai-je dit, les fleurs sont hermaphrodites, c'est-à-dire qu'on trouve sur une seule fleur la réunion des organes mâle et femelle, et je vous ai dit alors que les plantes uni-sexuées étaient bien moins nombreuses que les plantes hermaphrodites. Je vous ai dit ensuite que les organes sexuels formaient la partie essentielle des fleurs; mais qu'ils ne constituaient pas à eux seuls la fleur, qu'il y avait encore, et en considération de l'importance de ces mêmes organes sexuels, d'autres organes qu'on pouvait appeler protecteurs; que ces organes étaient placés autour des organes sexuels, en deux séries l'une plus interne, la corolle, et une autre plus externe, cle alice, et qu'on avait donné le nom de périanthe à la réunion des différentes pièces qui constituent ainsi les organes protecteurs de la fleur. Nous avons vu aussi que tantôt le périanthe était double, et qu'alors la fleur était complète; et que tantôt il était simple; que dans ce cas on devait toujours regarder ce périanthe comme un calice, quelle que fût sa coloration. En conséquence nous avons vu que la fleur complète devrait être composée, en partant du centre pour aller à la circonférence 1° du pistil, 2° des étamines qui sont rangées en plus ou moins grand nombre autour du pistil; 3° de la corolle, 4° enfin du calice, de manière qu'en considérant une fleur à vol d'oiseau on la verrait formée de quatre cercles emboîtés les uns dans les autres. Mais c'est surtout en examinant vous-mêmes les plantes, que vous parviendrez à bien reconnaître tous ces faits, et à bien distinguer les différens organes qui constituent la fleur.

Nous vous avons dit ensuite que toutes les parties qui se trouvaient en dehors des quatre cercles dont je viens de vous parler n'appartenaient plus à la fleur ; que ce n'en était que des portions accessoires, et à ce sujet je vous ai parlé des bractées qui étaient des sortes de petites écailles qui se trouvaient à la base des fleurs ; je vous ai parlé des spathes qui sont aussi des espèces d'écailles qui sont plus grandes que les premières et qui enveloppent la fleur avant son épanouissement. Après vous avoir parlé ainsi de toutes les parties qui constituent la fleur, et vous avoir fait connaître les organes accessoires, j'avais à vous entretenir des différentes variations que présentent les fleurs ; c'est à la disposition qu'affectent les différentes fleurs sur la tige et sur les rameaux qu'on a donné le nom d'*inflorescence* et c'est de cette disposition dont nous allons nous occuper aujourd'hui.

L'inflorescence présente des variations assez nombreuses et assez importantes ; je vais vous faire connaître les principales.

Les fleurs peuvent être axillaires, c'est-à-dire qu'elles peuvent naître de l'aisselle des feuilles ; je vous ai fait connaître ce qu'on entendait par l'aisselle des feuilles, vous savez qu'on désigne ainsi l'angle formé par la feuille et la tige ; ou bien elles sont terminales ; on désigne ainsi les fleurs qui naissent à l'extrémité de la tige ou des rameaux ; les fleurs n'affectent que l'un ou l'autre de ces modes d'inflorescence ; mais, qu'elles soient axillaires ou bien qu'elles soient terminales, elles peuvent présenter beaucoup d'autres dispositions secondaires ; ainsi, elles peuvent être *solitaires*, quand elles naissent une à une d'un même point; *géminées*, quand il en naît deux ; *ternées*, s'il y en a trois ; *fasciculées*, s'il y en a un grand nombre. Il y a une disposition particulière que je dois vous signaler ici; je veux parler des fleurs que l'on a désignées sous le nom de *verticillées*; je vous ai fait connaître, en vous parlant des feuilles, ce que l'on entendait par ce mot, et je vous ai dit qu'on appelaît ainsi celles qui formaient une sorte d'anneau autour de la tige; ce que nous avons dit à l'occasion des feuilles, s'applique aux fleurs. On confond à tort un mode d'inflorescence que l'on rencontre dans la famille des labiées avec le véritable verticille; car dans cette famille les fleurs ne naissent pas tout autour de la plante, mais bien de deux côtés seulement.

Il est d'autres modes d'inflorescence qu'il nous faut examiner; ils dépendent alors de la manière dont les fleurs sontportées par un pédoncule commun; ainsi, elles présententdifférens aspects quand elles sont réunies sur un axe commun :

1° Celle que l'on a désignée sous le nom d'*épi*, est formée par la réunion d'un grand nombre de fleurs sur un axe commun, sans qu'il y ait de ramifications de cet axe : tel est le blé, et un grand nombre de graminées; souvent les fleurs sont supportées par un pédicule particulier; nous en trouvons un exemple frappant dans l'arbuste désigné sous le nom de groseiller à grappes ; ici, ce n'est pas une grappe, mais bien un épi, dont les

BIBLIOTHEQUE ROYALE I

fleurs sont portées par de petites pédicules; les fleurs en épi sont appelées *flores spicatæ*.

2° La *grappe* (racemus, flores racemosæ) ressemble à l'épi; mais ici l'axe qui supporte toutes les fleurs présente des ramifications qui naissent irrégulièrement, et chacune de ces ramifications présente encore des subdivisions; telles sont les fleurs de la vigne, du marronnier d'Inde.

3° Les *chatons* (amenthum) présentent encore de l'analogie avec les fleurs dont nous venons de parler. Nous en trouvons un exemple dans les plantes de la famille des *Amenthacées*, qui tire son nom de son mode d'inflorescence; ce sont des fleurs, le plus souvent uni-séxuées, portées sur un axe commun; elles sont formées d'un organe sexuel protégé seulement par une petite écaille, sans enveloppes florales, articulées à leur base, et tombant d'une seule pièce; la plupart des arbres de nos forêts, excepté les arbres fruitiers, nous en présentent des exemples.

4° Le *spadice* : ce mode d'inflorescence se rencontre seulement dans les plantes monocotylédonées; il est formé par la réunion d'un grand nombre de fleurs mâles et de fleurs femelles qui sont toutes portées sur un axe commun et totalement dépourvues d'enveloppes florales; elles sont seulement protégées par un organe particulier que nous avons désigné sous le nom de spathe; la famille des Aroïdées présente ce mode d'inflorescence.

5° J'arrive maintenant à vous parler d'un mode d'inflorescence particulier que l'on rencontre aussi dans la famille des graminées, le maïs par exemple ; ce mode d'inflorescence a reçu le nom particulier de *panicule;* il est formé par la réunion de fleurs dont les inférieures sont portées par des pédoncules très-grands et les supérieures par des pédoncules beaucoup plus courts. C'est, je le répète, un des modes d'inflorescence de la famille des graminées, dans laquelle on ne rencontre que des épis ou des panicules.

Il existe maintenant trois espèces d'inflorescence que je vous figurerai et qui présentent entre elles beaucoup d'analogie : ce sont les fleurs qu'on a désignées sous les noms de fleurs en *ombelle*, en *cîme* et en *corymbe*.

6° On désigne sous le nom de *fleurs en ombelle*, *ombellifères*, *flores umbellatæ*, les fleurs dans lesquelles les pédoncules communs partant d'un même point, arrivent à une certaine distance; alors ils se subdivisent tous en un certain nombre de pédicules qui se terminent par les fleurs; dans ce mode d'inflorescence, les divisions sont régulières et les fleurs arrivent toutes à peu près à la même hauteur, de manière à présenter une surface convexe.

7° Les fleurs en *cîme* présentent une très grande analogie avec les ombellifères ; le sureau, *sambucus nigra*, nous en offre un exemple. Dans ce mode d'inflorescence, les pédoncules partent également d'un même point, arrivent à la même hauteur, mais alors ils se subdivisent un grand nombre de fois et irrégulièrement, puis les subdivisions arrivent à peu près à la même hauteur aussi, de manière à présenter encore une surface convexe, semblable à celle des ombellifères; ce mode d'inflorescence est celle que l'on désigne sous le nom de fleurs en cîme, *flores cimosœ.*

8° Les *fleurs en corymbe* présentent aussi une très-grande analogie, on les trouve dans les aquilæa, dans le sorbier des oiseaux : dans ce mode d'inflorescence, les fleurs arrivent aussi à-peu-près à la même hauteur, de manière à former, comme les précédentes, une surface convexe, bombée; mais ici les pédoncules partent de la partie supérieure de la tige à des hauteurs différentes, se réunissent irrégulièrement, et arrivent cependant, comme je viens de le dire, à peu près à la même hauteur; nous voyons donc, Messieurs, que ces trois modes d'inflorescence qui, au premier abord, présentent tant de ressemblance, diffèrent essentiellement, puisque dans l'un, les ombellifères, nous voyons les pédoncules partir d'un même point, se diviser régulièrement à la même hauteur; dans l'autre, les fleurs en cîme, les pédoncules partent aussi d'un même point, mais se divisent irrégulièrement; enfin, dans le troisième, nous voyons les pédoncules partir de points différens, se subdiviser irrégulièrement et arriver à former la même surface convexe que les deux autres.

Cette distinction des divers modes d'inflorescence, Messieurs, est très-importante, puisqu'elle sert à établir des distinctions entre plusieurs familles; nous en trouvons une application dans deux espèces de sureau, le sambucus nigra qui présente une cîme, et le sambucus racemosa, ou sureau à grappe, qui présente le mode d'inflorescence qui lui a donné son nom.

En vous parlant de l'ombelle, j'ai oublié de vous dire une chose fort importante, et que je dois vous signaler ; l'ombelle se compose de rayons ; chacune des portions ou subdivisions s'appelle *ombellule*. A la base de l'ombelle, on trouve souvent une sorte de collerette, un involucre formé par de petites folioles dont nous avons parlé dans la dernière leçon ; de même on en rencontre quelquefois à la base des ombellules, on les désigne alors sous le nom d'*involucelles ;* quand nous étudierons les ombellifères, nous verrons combien il est important de distinguer ces dispositions et de les bien connaître ; ainsi, faisons-en une application ; on trouve à la base de l'ombellule, dans la petite ciguë, une involucelle formée de petites folioles très-longues et pendantes ; eh bien ! c'est au moyen de cette disposition que nous pourrons distinguer le persil de la petite ciguë.

9° J'arrive à vous parler maintenant d'une disposition très-remarquable de certaines fleurs ; je veux parler des fleurs en *capitules ;* tels sont les chardons, les artichauts, etc. Ce mode d'inflorescence est constitué par la réunion d'un très-grand nombre de fleurs, environnées extérieurement par un involucre commun et portées sur un réceptacle commun, formé par l'épanouissement du pédoncule ; ce réceptacle a reçu le nom de *forante* (forantium). Sa forme est très-variable, tantôt il est concave, comme dans l'artichaut ;

THEQUE ROYALE
I

d'autres fois il est convexe, comme dans la camomille; dans l'artichaut, l'involucre est formé par les feuilles épaisses dont on mange la base, et les fleurs sont renfermées sous ces feuilles; ce sont elles que l'on désigne vulgairement, et avant qu'elles soient épanouies, sous le nom de foin.

Tels sont les principaux modes d'inflorescence; maintenant que nous connaissons ces descriptions générales, nous allons nous occuper en particulier de chacun des organes principaux qui constituent la fleur, et nous commencerons par le plus extérieur, ou le calice.

Du Calice.

Nous avons vu plus haut que le calice était, dans les fleurs complètes, l'enveloppe florale la plus extérieure, et qu'il constituait seul cette enveloppe florale, quand le périanthe était simple. M. de Candolle voulait qu'on désignât sous le nom de *périgone* cette enveloppe florale, quand elle était unique; nous, nous lui conserverons le nom de calice.

Ainsi, le calice peut exister dans deux circonstances: quand le périanthe est double, et quand il est simple. L'enveloppe florale est toujours simple dans les monocotylédons.

Le calice est formé par des modifications de la feuille; la fleur n'est, en effet, comme je vous le démontrerai plus tard, qu'un bourgeon modifié; ainsi, Messieurs, tous les organes de la fleur, les étamines mêmes, ne sont que des feuilles modifiées; il arrive souvent, en effet, que des bourgeons floraux se changent en feuilles ; n'existe-t-il pas des fleurs dans lesquelles les étamines se changent en feuilles, etc.? Quand les fleurs se changent ainsi en feuilles, on désigne ce phénomène sous le nom de chlorancie.

Ainsi la nature du calice est toujours la même, qu'il soit ou non coloré ; je veux dire ici qu'il présente ou non des colorations variées qui pourraient le faire prendre pour une corolle, par exemple, car le calice est le plus souvent coloré en vert, quand il existe avec la corolle.

Le calice, avons-nous dit, est l'enveloppe la plus extérieure des fleurs ; il est formé d'un certain nombre de pièces, nommées *sépales ;* tantôt les sépales d'un même calice sont complètement séparées, le calice est appelé *polysépale*, comme dans la giroflée ; d'autres fois, au contraire, les différentes pièces qui le constituent sont soudées entr'elles et le calice est nommé *monosépale*, ou mieux encore *gamosépale ;* car dans ce cas il n'y a pas qu'un seul sépale, il y en a toujours plusieurs, mais leurs bords sont soudés entr'eux. Quand le calice est formé de pièces distinctes, leur nombre peut varier ; ainsi, dans quelques plantes, on ne trouve que deux sépales, les *papavéracées*, par exemple. D'autres fois il y en a trois, quatre, cinq, ou un très-grand nombre. Quand le calice est formé de plusieurs pièces séparées et distinctes les unes des autres, il est *caduc*, c'est-à-dire qu'il tombe de bonne heure avant la fructification ; de telle sorte qu'il arrive quelquefois qu'en étudiant une plante on ne trouve qu'une enveloppe florale, qu'on prendrait alors pour un calice, tandis que c'est une corolle; il faut donc, pour étudier certaines fleurs, celles dont le calice est polysépale, le faire avant l'épanouissement de la fleur.

La forme des sépales peut varier, ainsi que celle des feuilles; les sépales peuvent être lancéolés, ou échancrés, ou en forme de spatule, etc.

Quand les folioles qui constituent le calice sont soudées, quand, en un mot, le calice est gamosépale, il a ordinairement la forme d'un tube plus ou moins renflé, et présente un plus ou moins grand nombre de dents qui sont les extrémités des sépales. Ainsi on dit que le calice est *urcéolé*, quand il est renflé dans sa partie moyenne, comme dans la rose, d'autres fois il est vésiculeux, etc. Je vous ai dit que le calice gamosépale résultait de la soudure de plusieurs sépales, leur nombre se juge d'après le nombre de dents qu'il présente : les dents du calice peuvent être plus ou moins profondes, c'est-à-dire qu'il peut exister entre les différentes pièces qui constituent le calice gamosépale, et qui sont soudées à leur base, il peut exister, dis-je, des incisions plus ou moins profondes; ces incisions ont reçu différens noms, en raison de leur plus ou moins grande étendue; par exemple, on les nomme *dents;* le calice est alors denté, quand elles sont peu profondes; si, au contraire, les incisions dont nous parlons arrivent jusqu'à la moitié de la hauteur du calice, il est *fendu*; enfin il est *par-*

tagé, si ces mêmes incisions descendent plus bas que la moitié de sa hauteur. C'est souvent par ces distinctions, et par les différences qui existent dans la manière dont le calice est divisé, qu'on parvient à distinguer différens genres de la même famille.

Dans la prochaine leçon nous étudierons la corolle.

TREIZIÈME LEÇON.

3 mai 1835.

Messieurs,

A mesure que nous avançons dans l'étude des différens organes qui constituent les végétaux, et dans l'étude de la fleur en particulier, l'importance des organes que nous étudions s'accroît; c'est surtout quand nous nous occuperons de l'étude des familles naturelles et des genres, que vous comprendrez l'importance de l'étude approfondie des organes de la reproduction.

Nous nous sommes déjà occupés, dans la dernière leçon, du calice; nous avons vu que c'était la série la plus externe des organes protecteurs de la fleur; nous avons vu aussi que le calice existait toujours quand le périanthe existait, et qu'il était seulement formé d'une seule série d'organes protecteurs; en un mot, que nous appellerions calice, quelle que fût du reste sa coloration, le périanthe simple que M. de Candolle a proposé de nommer périgone; nous avons vu que le calice était formé comme les feuilles d'un réseau de vaisseaux, dont les mailles étaient remplies de tissu cellulaire, et qu'il présentait souvent beaucoup d'analogie avec les feuilles, ainsi que tous les organes foliacés. Nous avons vu que le calice pouvait être polysépale ou gamosépale.

Nous avons étudié les différentes formes du calice, les caractères qu'il présente; enfin nous avons vu que, dans toutes les plantes monocotylédones, le périanthe était simple; qu'il n'y avait dans ces plantes qu'un calice et point de corolle; nous avons vu enfin que ce calice pouvait être pétaloïde, c'est-à-dire qu'il est coloré, et présente les apparences des pétales de la corolle; mais nous nous rappellerons toujours bien que, dans ces cas, c'est un calice et non une corolle.

Nous arrivons maintenant, Messieurs, à étudier la seconde enveloppe florale, celle à laquelle on a donné le nom de corolle.

De la Corolle.

Nous l'avons déjà dit, la corolle est la seconde enveloppe florale; elle ne peut donc exister que là où il y a déjà un calice, c'est-à-dire quand le périanthe est double; mais je vous ai dit que souvent le calice tombe avant l'entier épanouissement de la fleur, et qu'on pourrait facilement, dans certains cas, prendre la corolle pour un calice coloré; ainsi, par exemple, dans la famille des papavéracées, où la corolle reste seule, quand la fleur est entièrement épanouie. La corolle est donc, comme nous venons de le voir, l'enveloppe la plus rapprochée des organes sexuels; elle est constituée par plusieurs pièces qu'on désigne sous le nom de *pétales*. Quand les pièces qui la constituent sont distinctement séparées les unes des autres, la corolle est dite *polypétale*; mais il peut arriver, pour les pétales de la corolle, ce que nous avons vu survenir pour les sépales du calice, c'est-à-dire que ces différentes pièces peuvent se souder entre elles, alors la corolle est dite *monépétale*, ou mieux *gamopétale*, expression qui fait mieux connaître l'état particulier dans lequel se trouvent les différentes pièces de la corolle, qui, dans ce cas, sont soudées entre elles par leurs bords : c'est à M. de Candolle qu'est due cette dénomination. Telles sont les deux modifications que présente la corolle ; elle peut donc être polypétale ou gamopétale.

Le nombre des pétales varie beaucoup; ainsi il arrive quelquefois que, dans certaines plantes polypétales, on ne trouve qu'un pétale; la corolle est dite alors unipétale; dans ce cas, les autres pétales sont avortés; d'autres fois, il y a deux, trois, quatre, cinq ou un plus grand nombre de pétales, et la corolle est appelée bipétale, etc., ou seulement polypétale.

Observons maintenant ce que présentent de particulier les pétales : chacun d'eux est formé de deux parties; la première est placée à la partie supérieure, et a reçu le nom de *lame*; la seconde occupe la partie inférieure, c'est cette portion du pétale qui est rétrécie et plus ou moins longue ; on lui a donné le nom d'*onglet*. Quelquefois l'onglet est très-long, comme dans la giroflée ; d'autres fois, au contraire, il est très-court : la rose nous en offre un exemple ; enfin, quelquefois il manque totalement, comme dans la vigne ; quand les pétales présentent un onglet, on les appelle *unguiculés* ; quand, au contraire, il en est dépourvu, le pétale se nomme *sessile*. Mais toutes les fois que le pétale présentera un rétrécissement à sa partie inférieure, ce rétrécissement prendra le nom d'onglet.

Les pétales peuvent présenter de grandes différences dans leur forme, dans leur figure, ainsi tantôt ils sont obtus, d'autres fois aigus, lancéolés, cordiformes ; toutes ces différences sont faciles à saisir, il est inutile d'entrer dans de plus grands détails à ce sujet. Le plus ordinairement, les pétales présentent une surface plane, mais cependant il n'en est pas ainsi dans toutes les fleurs ; ainsi, dans l'épine-vinette, l'ellébore, les pétales sont creux.

En général, il faut s'accoutumer à voir dans la disposition des différens organes une grande symétrie ; c'est-à-dire que, par leur nombre, leur position, les organes qui constituent la fleur présentent certains rapports que l'on rencontre généralement ; ainsi, quand vous aurez trouvé un calice présentant cinq sépales, vous trouverez une corolle dont le nombre des pétales sera de cinq, et le nombre des étamines sera égal au nombre des pétales, ou bien le nombre sera plus considérable, mais ce sera un multiple de ce nombre; cependant il y a des exceptions, comme à toute autre règle générale.

Si, à vol d'oiseau, nous voulions examiner une fleur, nous verrions que les organes sont disposés de la manière suivante: nous la supposerons composée de quatre sépales qui sont placés à la partie la plus extérieure de la plante; en dedans de cette première série, nous en verrions une autre formée par les pétales, qui seront aussi au nombre de quatre, mais placés de manière à ce que le milieu de chacun d'eux corresponde au vide qui sépare les sépales; en un mot, les pétales alternent avec les sépales; la troisième circonférence sera formée par les quatre étamines qui correspondront chacun à un des intervalles qui existent entre chacun des pétales; enfin, au centre sera le pistil. Cette disposition s'observe aussi dans les plantes dont la corolle est formée d'une seule pièce; alors les étamines correspondent aux incisions plus ou moins profondes qu'elle présente: il semble que, par cette disposition, la nature a voulu protéger les organes les plus importans de la reproduction, en plaçant les pétales de manière à fermer le vide qui peut exister entre les différentes pièces qui constituent le calice.

J'ai dit, en commençant l'histoire de la corolle, que les différentes pièces qui la constituent, pouvaient se souder entre elles, et que la corolle était appelée corolle gamopétale: cette espèce de corolle présente plusieurs parties à distinguer:

1° la partie inférieure, ou *tube* de la corolle; 2° la partie supérieure, ordinairement étalée, et que l'on appelle le *limbe* de la corolle; 3° enfin, entre ces deux parties, on trouve la *gorge*. Le tube est plus ou moins alongé; il varie dans sa forme; ainsi il peut être vésiculeux, urséolé, etc. Le limbe de la corolle gamopétale présente aussi des différences dans sa forme; tantôt il est étalé à plat; d'autres fois, au contraire, il est dressé; dans tous les cas, il est possible de distinguer par combien de divisions il est formé, en examinant le bord du limbe, car les incisions plus ou moins profondes qu'il présente, répondent à autant de soudures entre les pétales qui le composent.

On a donné le nom de gorge à une partie de la corolle gamopétale qui sépare le limbe du tube; quelquefois cette portion fait saillie dans l'intérieur, ou bien est garnie de poils, de duvet; ou bien elle présente des espèces d'appendices, ainsi dans la famille des borraginées; la grande consoude, en particulier, présente des appendices très-bien caractérisés; on voit donc de quelle importance peut être pour nous l'étude de cette partie de la corolle, puisqu'elle peut servir à établir des distinctions. Il y a encore un autre caractère très-important qui appartient à la corolle gamopétale: c'est qu'elle porte constamment les étamines, et le plus souvent leur insertion se fait dans l'intérieur du tube; nous verrons plus tard l'application de ce caractère, et il nous restera à connaître le mode d'insertion de la corolle elle-même.

Il y a encore une distinction à établir dans la

corolle ; ainsi la corolle, qu'elle soit gamopétale ou polypétale, peut être *régulière* ou *irrégulière*. On appelle *corolle régulière* celle dont les différentes pièces sont symétriques et semblables entre elles, placées autour d'un axe commun, fictif ; je vous ai dit, en commençant, que cette distinction avait une grande importance dans la classification des familles naturelles, car c'est souvent sur elle qu'est basée la classification des genres, quelquefois aussi des familles. Etudions donc maintenant les formes de la corolle.

Corolle gamopétale régulière. Nous avons déjà dit qu'il ne faut pas prendre à la lettre les différentes significations attachées à certains organes des plantes ; nous trouverons quelquefois dans la corolle que l'application de certaines dénominations est un peu forcée; la corolle gamopétale régulière présente plusieurs formes.

1° La corolle *campaniforme*, ou en forme de cloche ; cette corolle n'a pour ainsi dire pas de tube ; elle va en s'évasant de la partie inférieure à la partie supérieure, et ressemble assez bien aux cloches dont se servent les jardiniers ; elle est commune aux campanules, aux liserons, etc.

2° Une autre forme bien commune qu'offre la corolle gamopétale régulière, c'est celle que l'on a désignée sous le nom d'infundibuliforme, ou en forme d'entonnoir ; exemple : le tabac, *nicotiana tabacum* ; dans cette forme, le tube est très-rétréci, et le limbe s'étale un peu, de manière que l'ensemble de la corolle présente la forme d'un entonnoir.

Il est une troisième forme que l'on a désignée sous le nom d'hypocratériforme, c'est-à-dire, ressemblant à une coupe antique ; dans cette variété, le tube est très grèle, et le limbe très plane, ne présentant aucune dilatation ; le jasmin, le troëne et le lilas, nous en offrent des exemples.

La quatrième forme que nous rencontrons, est la rotacée, ou en forme de roue ; telles sont les corolles du genre solanum, de la bourrache, etc. Mais ici l'application est un peu forcée, il ne faut donc pas s'attacher à l'étymologie ; enfin, il y a certaines espèces de bruyères qui présentent une corolle globuleuse, urcéolée, ou en forme de grelot. Tels sont les principaux caractères de la corolle gamopétale régulière ; ils se réduisent donc à cinq, savoir : 1° la corolle campaniforme : exemple, la campanule ; 2° la corolle infundibuliforme : exemple, le tabac ; 3° la corolle hypocratériforme : exemple, le lilas ; 4° la corolle rotacée : exemple, la bourrache ; et 5° la corolle en forme de grelot : exemple, certaines espèces de bruyères.

Etudions maintenant les différentes formes de la corolle gamopétale irrégulière ; elles se réduisent à deux, savoir : la forme bilabiée et la forme personnée.

1° On donne le nom de corolle bilabiée à celle dont les divisions inégales entre elles sont disposées comme en deux lèvres, dont l'une est supérieure, et l'autre inférieure ; cette forme de corolle constitue le caractère distinctif de la famille des labiées ; on les rencontre aussi dans les vervénacées. Quelquefois il arrive que la lèvre supérieure manque totalement; le genre *germendrée* nous en offre un exemple.

2° Dans la corolle bilabiée, les deux lèvres sont écartées l'une de l'autre, et bien distinctes; il n'en est pas de même dans les corolles que l'on a désignées sous le nom de personnées; ici, en effet, il y a comme dans les bilabiées deux lèvres, mais elles sont très rapprochées et confondues, en sorte qu'il faut les écarter pour voir dans l'intérieur. Ainsi est disposée la corolle de l'*anthirrinum majus*, *gueule de loup*.

Telles sont les deux formes de corolles gamopétales irrégulières, que l'on peut définir; il en est d'autres que l'on ne peut rapporter ni à l'une ni à l'autre de ces deux divisions, par exemple, la corolle de la digitale; on a désigné ces corolles sous le nom de corolles anomales.

Examinons maintenant la corolle formée de pétales distinctes, ou corolle polypétale.

La corolle polypétale régulière présente trois formes :

1° La corolle *cruciforme*, ou en croix; elle est formée de quatre pétales disposés de manière à se correspondre par leur base, deux à deux; ordinairement les pétales sont longuement unguiculés; c'est la forme qui a donné son nom à la famille si importante des crucifères.

2° La deuxième sorte de corolle polypétale régulière, est celle que l'on a désignée sous le nom de *rosacée*, ou en rosace; elle est formée de cinq pétales disposés circulairement autour d'un axe commun, les onglets sont très courts; la rose nous offre cette disposition.

3° La troisième espèce de corolle polypétale régulière, est la *caryophylée;* elle est formée de cinq pétales longuement unguiculés, et renfermés dans un calice tubuleux: nous trouvons cette forme dans la famille des caryophylées, dans l'œillet.

Voilà donc trois formes bien distinctes pour les corolles polypétales régulières, et qu'il serait difficile de confondre, puisque dans l'une il y a quatre pétales, et dans les deux autres cinq; mais dans ces deux dernières nous trouvons des différences tranchées; dans l'une, en effet, nous voyons des pétales longuement unguiculés, ce sont les caryophylées; dans l'autre, au contraire, nous trouvons une corolle dont les pétales présentent un onglet très court.

La corolle polypétale irrégulière ne présente qu'une forme bien caractérisée, c'est celle que l'on nomme *papillionacée.* Cette corolle est composée de cinq pétales inégaux et irréguliers, mais disposés de manière à ce qu'on a pu donner à chacun d'eux un nom particulier; ainsi, 1° le pétale supérieur a été nommé *étendard;* il emboîte les autres avant l'épanouissement de la fleur; 2° sur les côtés on trouve deux pétales que l'on nomme les *ailes;* 3° enfin, tout-à-fait inférieurement, on trouve deux autres pétales qui sont souvent soudés, et qu'on a désignés sous le nom de *carène*, à cause de la ressemblance qu'ils présentent avec une nacelle; cette forme de corolle est celle que l'on rencontre dans la famille des légumineuses.

Outre cette forme de corolle polypétale irrégulière, il en est beaucoup d'autres, mais on n'a pu les rattacher à elle; ce sont, par exemple, les fleurs de la capucine, de la violette, de la pensée, etc.

QUATORZIÈME LEÇON.

8 mai 1836.

Messieurs, en vous parlant dans la dernière leçon, des différentes séries qui constituent l'enveloppe floréale, je vous ai dit qu'il y avait une symétrie parfaite entre ces deux séries d'organes; non seulement cette harmonie existe pour les pétales et les sépales, mais on la retrouve aussi dans les organes de la reproduction : ainsi, le nombre des étamines est aussi en rapport avec celui des divisions de la corolle; celui qu'on rencontre le le plus souvent dans les plantes dicotylédonées est cinq, ou généralement un multiple de cinq, dix, par exemple : ainsi quand vous verrez une plante dont le calice présentera cinq divisions vous trouverez le même nombre de divisions à la corolle, et le même nombre d'étamines ou un multiple, mais ce nombre se rencontre seulement pour les plantes dicotylédonées; dans les plantes monocotylédonées, au contraire, le nombre des étamines est de trois, six ou neuf, qui sont les multiples de trois : ainsi donc, rappelez-vous bien ce fait, car c'est d'une grande importance dans l'étude des différentes familles. Je vous ai dit en parlant de la corolle, qu'elle se présentait sous deux formes principales, c'est-à-dire, qu'elle est polypétale ou gamopétale; que l'une ou l'autre de ces espèces de corolle présente des formes variées; nous avons étudié ces différentes formes, je crois qu'il est inutile d'y revenir. Mais je vous ai dit que les corolles pouvaient être régulières ou irrégulières : eh bien! Messieurs, il est très important de remarquer l'irrégularité de la corolle; ainsi je viens de vous dire que la symétrie la plus parfaite existait dans les fleurs; ici, dans les fleurs irrégulières, cette symétrie est rompue; mais je dois vous le dire, l'irrégularité est un accident dans la fleur, on peut la considérer comme une monstruosité; l'irrégularité est ordinairement due à l'avortement d'un des organes, ordinairement d'une étamine, car les sucs apportés par la plante ne rencontrant pas l'étamine se portent dans les organes voisins, c'est-à-dire, les pétales et les développent plus que les autres; ainsi, par exemple, il arrive quelquefois que dans les labiées, la cinquième étamine se développe, et alors la fleur est régulière; dans une herborisation, un élève trouva, il y a deux ans, une *pédiculaire* dont la corolle s'était développée régulièrement; en examinant la fleur, nous trouvâmes, comme nous l'avions prévu, qu'il y avait une étamine de plus que dans les individus qui présentent une corolle irrégulière; ce que je vous dis pour la pédiculaire s'est présenté, l'année dernière, pour la digitale : ainsi donc, reconnaissons-le, la régularité est le type des productions de la nature.

Je ne reviendrai pas sur ce que j'ai dit des différentes formes de la corolle; je vous répéterai seulement qu'il est de la plus grande importance de bien les distinguer, puisqu'elles servent à caractériser les genres, et quelquefois des familles entières.

En suivant la marche que nous avons adoptée, nous avons étudié le calice et la corolle, nous arrivons donc maintenant aux organes propres de la reproduction; les deux autres séries d'organes n'en sont que les protecteurs, les organes sexuels sont, au contraire, les principaux organes de la fleur. Les deux sexes sont ordinairement réunis sur la même fleur, les étamines sont placées en dehors et les pistils en dedans, dans ce cas la fleur est hermaphrodite; mais quelquefois cette disposition ne se rencontre pas et la fleur est unisexuée. Il y a certaines plantes dont les fleurs unisexuées se trouvent sur le même individu, c'est-à-dire, qu'une fleur porte des organes mâles, et une autre fleur des organesfemelles; ordinairement les organes mâles sont placées à la partie supérieure de la fleur, et les organes femelles à la partie inférieure, le maïs nous en offre un exemple; les plantes qui ont des fleurs mâles et des fleurs femelles ainsi disposées, c'est-à-dire, placées sur le même individu, ont reçu le nom de *Monoïques*.

Il en est d'autres, au contraire, dont les sexes sont portés par des sujets différens; ainsi, par exemple, la mercuriale; les plantes qui offrent cette disposition ont été appelées *Dioïques*. C'est au génie poétique de Linnée que sont dues ces dénominations, qui veulent dire, fleurs qui occupent la même maison, monoïques; fleurs qui occupent deux maisons, dioïques. Quelques arbres sont dans ce dernier cas, les *pistachiers*, les *saules*, les *palmiers*.

Il y a quelquefois une sorte de confusion dans les sexes, une espèce de mélange irrégulier de fleurs unisexuées et de fleurs hermaphrodites; telle est la pariétaire : les plantes qui présentent cette disposition, ont reçu le nom de *Polygames*.

Quand nous étudierons le système sexuel de Linnée, système si naturel, nous verrons qu'il avait employé cette disposition des sexes pour en former trois classes : la Monoécie, la Dioécie et la Polygamie.

De l'Etamine.

Etudions donc maintenant l'étamine, ou organe sexuel mâle. Il est ordinairement placé en dehors du pistil et en dedans de la corolle; c'est en partant du centre de la fleur le deuxième verticille formé par les organes qui la constituent ; l'étamine est destinée à fournir la matière fécondante; cet organe est formé de trois parties distinctes:

L'anthère, qui en est la partie essentielle; elle est placée supérieurement; c'est une sorte de sac à deux loges, renfermant une matière pulvérulente, qui est la matière fécondante des végétaux, et qui a reçu le nom de *Pollen*. L'anthère est ordinairement portée sur une sorte de pédoncule filamenteux plus ou moins grêle, et que l'on appelle filet: ce dernier organe, le filet, manque fréquemment. L'anthère est alors dite sessile; ainsi, cette disposition se rencontre dans les thymélées.

Le nombre des étamines est très-variable; ainsi, il y a des plantes dans lesquelles on n'en trouve qu'une, et d'autres dans lesquelles il y en a cent; et de ce nombre variable des étamines on a tiré différentes dénominations pour la classification des végétaux; du reste, le nombre des étamines est constant dans les fleurs de la même espèce: je viens de vous dire qu'on s'était servi du nombre différent des étamines dans les différentes fleurs pour faire des classifications; ce mode de classification a été employé par Linnée; ainsi, les douze premières classes de son système ont été faites d'après la considération dont nous parlons: la première classe renferme les plantes qui ne présentent qu'une étamine; les fleurs sont dites *Monandres*, la valériane rose, etc., en sont des exemples, il a donné le nom de *Monandrie* à cette classe; la deuxième classe ou la *Diandrie* renferme les plantes qui n'ont que deux étamines. La troisième, la *triandrie*, trois étamines: exemple, les iridées; la quatrième classe, la *tétrandrie*, quatre étamines, les rubiacées; la cinquième classe, la *pentandrie*, cinq étamines; cette classe est très nombreuse, car nous avons vu que beaucoup de végétaux renfermaient cinq étamines; les borraginées, les ombellifères, les solanées, etc. Il a donné le nom d'*hexandrie* à la sixième classe, dans laquelle on trouve les plantes qui ont six étamines, les asparaginées, les li-

THEQUE ... ALE Richard I

liacées, les palmiers; l'*heptandrie* contient les plantes qui renferment sept étamines; c'est la septième classe, elle est peu nombreuse, le marronnier d'Inde en fait partie; enfin, ainsi de suite pour la huitième classe, qui contient des plantes sur lesquelles on trouve huit étamines, et pour la neuvième, où l'on en trouve neuf; la *décandrie* est formée par les plantes qui présentent dix étamines; jusque-là le nombre est invariable, mais au-dessus de dix il peut varier: ainsi, quelques plantes présentent douze étamines, d'autres quinze ou vingt, enfin plus ou moins; Linnée en a formé une classe qu'il appelle la *dodécandrie*; enfin il a désigné sous le nom de *polyandrie*, les plantes qui renferment plus de vingt étamines.

Le plus ordinairement les étamines sont à peu près égales entre elles, cependant dans quelques circonstances elles sont inégales; il est très important de bien remarquer cette inégalité, car, dans deux circonstances, elle devient un caractère distinctif; ces deux circonstances sont les suivantes: quand la fleur présente quatre étamines, ou bien quand elle en présente six; ainsi, il arrive quelquefois que dans les plantes où l'on rencontre quatre étamines, deux sont plus longues, et deux plus courtes; ces fleurs ont reçu le nom de *didynames*: dans d'autres circonstances, la fleur renferme six étamines, et quatre sont plus longues que les deux autres, on a appelé ces fleurs *tétradynames*; les vervénacées nous offrent un exemple de la didynamie, les crucifères sont au contraire tétradynames; dans les giroflées, par exemple, cette inégalité est très remarquable. Il est donc très important de bien observer cette inégalité dans les étamines.

Nous avons vu qu'il y avait une grande symétrie dans la disposition et dans le nombre des organes qui constituent les enveloppes florales. Ainsi, nous avons vu que les sépales ou les divisions du calice correspondaient aux faces des pétales ou des divisions de la corolle ; eh bien! nous retrouvons cette harmonie dans la disposition des étamines ; ainsi, le plus ordinairement, les étamines correspondent aux divisions de la corolle, elles alternent, en un mot, avec les pétales, comme nous avons vu les pétales alterner avec les sépales. Il est donc encore très important de bien observer cette disposition, puisque dans certaines plantes les étamines sont opposées aux divisions de la corolle, c'est-à-dire, qu'elles correspondent à la face des pétales; cette disposition se rencontre dans la vigne, la primevère, le berberis.

Maintenant que nous connaissons la disposition des étamines, il nous importe d'étudier les différentes parties qui constituent cet organe.

1° Etudions donc d'abord le filet.

Le filet, vous ai-je dit, peut manquer, cependant il existe dans la plus grande majorité des cas; le plus ordinairement il est filamenteux, mais aussi il peut varier dans sa forme; ainsi, il est quelquefois d'une finesse extrême, comme le plus fin fil de soie; d'autres fois, au contraire, il est volumineux, cylindrique; enfin quelquefois il est aplati et ressemble beaucoup aux pétales.

Cette sorte de filet se remarque surtout dans le nymphéa; ordinairement ces filets sont libres dans toute leur étendue, d'autres fois, au contraire, ils sont réunis, soudés ensemble, de manière à former un, deux, ou un plus grand nombre de faisceaux.

Quand les filets sont tous réunis en un seul faisceau, de manière à former une espèce de tube, les fleurs sont dites *monadelphes*. L'espèce de tube que forment les filets, s'appelle *androphore*. La soudure peut du reste exister dans toute l'étendue des filets; d'autres fois ils sont isolés supérieurement, les malvacées nous offrent des fleurs monadelphes. Quand les filets sont réunis de manière à former deux faisceaux, on appelle les fleurs *diadelphes*; tantôt les androphores sont composés d'une égale quantité de filets, ainsi que dans le polygala ; d'autres fois, au contraire, ils sont formés d'un nombre différent, ainsi dans les légumineuses, où il y a dix étamines, neuf filets sont réunis, et forment un des faisceaux, et l'autre faisceau est formé par la dixième étamine qui est isolée. Dans la fumeterre on trouve deux faisceaux formés chacun de trois étamines; enfin, les filets peuvent se souder de manière à former plus de deux faisceaux. On a donné aux fleurs qui présentent cette disposition, le nom de *polyadelphes*; l'oranger, les hypericum nous en offrent aussi des exemples. Nous voyons donc que les filets des étamines peuvent se souder. On a basé des divisions sur cette réunion, que l'on désigne par les noms de *monadelphie*, *diadelphie* et *polyadelphie*.

Je vous ai dit tout-à-l'heure que bien souvent les filets, au lieu d'être filamenteux, étaient élargis, présentant la forme foliacée des pétales; il arrive aussi bien souvent que les étamines se changent en pétales; ainsi, par exemple, dans la rose on trouve un grand nombre de pétales; mais dans l'état naturel, la rose ne présente à la corolle que cinq pétales. Ce grand nombre de pétales que nous trouvons dans les roses de nos jardins est donc une monstruosité, belle sans doute; c'est à l'avortement de l'anthère qu'est due dans ce cas le développement des filets qui constituent alors autant de pétales.

La seconde partie que nous ayons à examiner dans l'organe sexuel mâle, est l'anthère. Vous savez déjà qu'on désigne sous cette dénomination le petit organe qui occupe la partie supérieure du filet; le plus ordinairement l'anthère est à deux loges, et présente sur les faces antérieures de ces loges un sillon par lequel la loge s'ouvre pour laisser échapper le pollen à l'époque de la fécondation; il y a cependant quelques plantes dont l'anthère n'est formée que d'une seule loge; dans ce cas, le sillon par lequel s'ouvre cette loge est placé à la partie supérieure; ainsi les mauves nous en offrent des exemples. L'anthère est réniforme, semblable à un haricot; dans les *hépacris*, les anthères sont alongées et ne présentent qu'une loge. Enfin, ce qui est plus rare, on trouve des fleurs dans lesquelles les anthères sont formées par quatre loges. La forme de l'anthère est très-variable; le plus ordinairement cet organe est ovoïde, alongé, échancré supérieurement en forme de cœur; mais d'autres fois il est réniforme, globuleux, linéaire, flexueux. J'ai dit aussi que les anthères étaient bilobulaires. Ces deux loges de l'anthère peuvent être réunies, soudées l'une à l'autre de différentes manières: ainsi le plus souvent elles sont adossées l'une à l'autre par leur face interne, d'autres fois elles sont séparées l'une de l'autre par le filet, comme dans les renonculacées : enfin, quelquefois, cette soudure a lieu par un *connectif :* c'est un corps particulier distinct du sommet du filet et qui affecte plusieurs formes.

Les loges de l'anthère, avons-nous dit, contiennent le pollen, pour que la fécondation des germes s'opère, il faut que la matière fécondante sorte de la loge qui le renferme, il est donc nécessaire que les loges de l'anthère puissent s'ouvrir: le plus ordinairement cette déhiscence a lieu par toute la longueur du sillon qui occupe la face externe de chaque loge; mais dans certaines fleurs, cette déhiscence a lieu autrement : le pollen s'échappe par une petite ouverture placée à la partie supérieure des loges, comme dans les solanées, les bruyères. D'autres fois la loge de l'anthère s'ouvre par une espèce de panneau qui se lève de la partie inférieure à la partie supérieure; ce mode de déhiscence s'observe dans le laurier et dans les berbéridées.

Nous avons vu, en étudiant les filets, que ces organes filamenteux pouvaient se souder les uns aux autres; il en est de même des anthères; et c'est cette disposition que l'on observe dans la famille si nombreuse des *synanthérées* : on trouve dans les fleurs de cette famille cinq étamines, les filets sont libres, les anthères, au contraire, sont soudées entres elles et forment une sorte de tube; enfin, dans quelques plantes, les lobéliacées, par exemple, les anthères et les filets sont soudés; on a donné aux étamines, qui présentent cette disposition, le nom de symphisandres; mais il peut encore arriver que les étamines se soudent avec les pistils; ainsi dans les orchidées, les aristoloches; toutes les fois que cette disposition se présente, les fleurs sont dites *gynandres*. Linnée en a formé une classe qu'il a désignée sous le nom de *Gynandrie*.

Ainsi, nous voyons que tantôt l'anthère présente deux loges, que d'autres fois il n'y en a qu'une, que plus rarement enfin on en trouve quatre : c'est dans ces loges qu'est renfermé le pollen; ces loges s'ouvrent tantôt par un sillon placé sur la face externe de chacune d'elles, d'autres fois par une sorte de panneau, enfin, quelquefois, par des pores placés à la partie supérieure. Nous avons vu aussi que les loges de l'anthère pouvaient être réunies entre elles de trois manières, le plus souvent adossées l'une à l'autre, d'autres fois séparées par le filet qui se prolonge au-dessus de l'anthère, d'autres fois, enfin, par un corps particulier qu'on nomme connectif : enfin, nous avons vu que les anthères pouvaient être, de même que les filets, réunies entre elles, et d'autres fois soudées avec l'organe sexuel femelle ; que de la première de ces dispositions on avait fait la famille des synanthérées, et que Linnée avait tiré parti de la seconde et en avait fait une classe, la Gynandrie.

Telles sont les considérations que j'avais à vous donner sur cette partie de l'organe mâle ; dans la prochaine séance, nous nous occuperons de la matière fécondante des végétaux.

QUINZIÈME LEÇON.

10 mai 1836.

Messieurs,

L'étamine a été l'objet de notre dernière leçon; nous avons vu que cet organe présentait à examiner trois parties : le pollen, ou matière fécondante, l'anthère et le filet; nous avons vu aussi que de ces trois parties, qui constituent l'organe sexuel mâle, deux seulement sont essentielles : ce sont le pollen et l'anthère; nous savons aussi que le nombre des étamines est très-variable, que certaines plantes n'en ont qu'une, d'autres deux, trois, cinq ou un plus grand nombre; en général, au-dessous de dix, ce nombre est constant dans les plantes, et il présente une haute importance dans la classification; Linnée a établi les premières classes de son système sur cette considération. Nous avons aussi, Messieurs, étudié la grandeur relative des étamines; et nous avons vu qu'il était surtout important de bien la connaître, puisque dans deux cas elle servait de caractère;ainsi nous avons vu que dans certaines familles qui présentaient quatre étamines, deux étaient ordinairement plus longues, c'est ce que nous avons appelé la didynamie ; ainsi les labiées : d'autres fois, au contraire, il y a six étamines et quatre sont plus longues, c'est la tetradynamie ; cette disposition se trouve dans la famille des crucifères.

Nous avons vu aussi qu'en général, les étamines étaient distinctes les unes des autres, mais quelquefois cependant elles peuvent se réunir et former plusieurs faisceaux : cette soudure des étamines, comme nous l'avons vu, peut se faire ou par les filets ou par les anthères; quand elle se fait par les filets et qu'il n'y a qu'un seul faisceau, elles prennent le nom de monadelphes ; on les nomme, au contraire, diadelphes ou polyadelphes, s'il y a deux ou un plus grand nombre de faisceaux. Si la soudure des étamines a lieu par les anthères, elles constituent la syngénésie, c'est ce que l'on observe dans toutes les plantes de la famille des synanthérées.

Enfin nous avons vu que le plus ordinairement les étamines sont distinctes du pistil ; cependant quelquefois aussi il arrive que ces deux organes se soudent ; c'est ce qui constitue les fleurs gynandres ou la gynandrie.

Nous avons ensuite étudié la partie de l'étamine destinée à contenir la matière fécondante, c'est-à-dire l'anthère, et nous avons vu qu'à une certaine époque de la vie des végétaux, cet organe s'ouvrait pour chasser cette matière fécondante ; nous vous avons dit que la déhiscence de l'anthère se faisait de plusieurs manières ; le plus communément, c'est par le sillon longitudinal qui règne sur chacune des faces des loges de l'anthère que cette déhiscence se fait ; d'autres fois, au contraire, c'est par de petits pores qui s'ouvrent à la partie supérieure des anthères ; enfin, d'autres fois c'est par une sorte de valve, de panneau qui s'ouvre de la partie inférieure à la partie supérieure de l'anthère, que s'opère la déhiscence dont nous nous occupons. Maintenant que nous nous sommes occupés de ces généralités sur les étamines, étudions la matière fécondante, ou le pollen ; mais avant, je dois vous dire deux mots sur la structure de l'anthère.

Burkheing a prouvé par des expériences que les anthères étaient composées de deux couches ; l'une externe, à laquelle il donne le nom d'exotée ; c'est une lame assez épaisse d'épiderme, au-dessous de laquelle on trouve du tissu cellulaire qui présente une disposition particulière ; cette couche profonde est élastique, et son élasticité est due à ce que les cellules qui la forment sont composées de fibres roulées en spirales ; c'est par cette disposition qu'on explique facilement comment se rompt l'anthère pour donner issue au pollen : je le répète, on a appelé ce tissu, tissu élastique.

Occupons-nous donc maintenant de la troisième partie de l'organe sexuel mâle des végétaux, du pollen.

Du Pollen.

Le pollen est, je le répète, la matière fécondante des végétaux ; il est ordinairement sous forme de poussière, d'autres fois il se présente sous une autre apparence ; ainsi, dans les orchidées, les asclépiadées, il se présente sous forme d'une masse solide, et affecte la même forme que la loge qui le renferme.

Étudions d'abord le pollen qui se présente à nous sous la forme pulvérulente, nous nous occuperons ensuite de celui qui est sous forme solide :

Depuis long-temps on savait bien que le pollen était la matière fécondante des végétaux, mais on ignorait sa structure : on sait maintenant que c'est une poussière formée de petits grains qui varient suivant les différentes plantes dans lesquelles on l'étudie : tantôt ces petits grains de pollen sont globuleux, élipsoïdes, triangulaires, polyédriques ; des recherches faites par Guillemin, lui ont fait voir qu'on pouvait distinguer deux portions ; ainsi, il arrive quelquefois que le pollen est entouré de viscosité ; mais cela ne se rencontre que quand les grains de pollen sont hérissés de petites aspérités ; quand ces grains sont lisses, on ne la retrouve plus.

La couleur des grains qui constituent le pollen, est très-variable ; tantôt, et c'est le plus communément, ils sont jaunâtres ; mais, d'autres fois, au contraire, bleus, ils sont noirâtres, violets, etc. La ténuité de ces petits grains de pollen est extrême ; il est impossible d'apercevoir leur forme à l'œil nu ; cette ténuité fait qu'ils sont transportés à de très-grandes distances ; et, il arrive souvent, lorsque les pins, par exemple, sont en fleurs, et qu'à l'époque de la féondation il survient un coup de vent, il arrive, dis-je, que le pollen est enlevé et va retomber à des distances plus ou moins éloignées, qu'il recouvre le sol, et qu'on a pris ce phénomène pour des pluies de souffre.

Maintenant que nous connaissons la forme générale des grains de pollen, étudions-en la structure : ces petits grains sont de véritables vésicules; étudions bien leur structure, car nous allons encore y trouver de l'analogie entre les végétaux et les animaux. Les grains de pollen sont, comme je viens de le dire, de petites utricules; elles sont formées de deux membranes, une externe plus considérable, mais très-peu extensible; et une interne comparativement beaucoup plus mince; mais cette membrane s'étend considérablement : dans l'intérieur de cette membrane circule un liquide particulier qui a reçu le nom de *fovilla*. Ce liquide renferme quelques gouttes d'huile volatile et de petits corpuscules qui s'agitent dans l'intérieur de la *fovilla* : ces petits corpuscules sont de véritables animaux semblables aux animalcules qu'on rencontre dans la matière fécondante des animaux; ces petits animalcules ont le plus communément une forme globuleuse.

Ainsi dans les plantes et dans les animaux la matière fécondante est un liquide contenant des animalcules; ce n'est pas là la seule analogie que l'on rencontre, il y en a encore une autre; ainsi, vous savez tous que la matière fécondante des animaux a une odeur particulière, fade; eh bien! cette odeur se retrouve dans la matière fécondante des plantes, bien qu'on ne s'en aperçoive pas d'abord;

cependant il y a quelques plantes où cela est très-sensible; par exemple, dans la fleur du châtaigner; mais M. Desfontaines s'en est convaincu en ramassant dans un vase une grande quantité de pollen provenant des fleurs des graminées, et il a vu qu'au bout de quelques jours il se développait une odeur très-prononcée de sperme.

Il existe, non-seulement analogie, mais encore identité sous ce rapport entre les végétaux et les animaux; dans les animaux la matière destinée à féconder les germes est sous forme d'un liquide, mais ce liquide est libre, n'est pas renfermé, comme cela se présente dans les végétaux dans de petites utricules; quand on veut bien voir cette structure, il suffit de secouer du pollen au-dessus d'un vase contenant de l'eau; le pollen reste à la surface du liquide, mais comme celui qui est contenu dans la petite utricule est d'une densité plus grande que celle de l'eau, il y a endosmose, c'est-à-dire, passage du liquide extérieur moins dense à travers la membrane qui renferme le liquide le plus dense; le grain de pollen se renfle, devient globuleux et on voit disparaître la petite rainure que l'on y observe; la membrane externe se rompt tantôt régulièrement, d'autres fois irrégulièrement; ainsi, dans quelques espèces où chaque grain de pollen est triangulaire, il y a une opercule à chacun des angles des grains de pollen; quand il est globuleux, il se forme une ouverture sur quelque point de sa circonférence, et la membrane interne s'alonge et fait hernie à travers l'ouverture faite à la membrane externe, et dans l'intérieur de cette espèce de sac plus ou moins alongé, formé par la membrane interne, est renfermée la *fovilla*, dans laquelle on rencontre de petites granulations qui ne sont rien autre chose, ainsi que s'en est assuré M. Amici, que des animalcules qui se meuvent dans différens sens au milieu de ce liquide.

Ce que nous venons de voir se passer dans les grains qui constituent le pollen, lorsqu'ils sont en contact avec de l'eau, se passe de même quand ils sont en contact avec l'organe femelle. Les grains de pollen sont déposés sur le corps glanduleux qui se trouve à la partie supérieure du pistil, et que nous avons dit plus haut s'appeler le stigmate; cet organe est enduit, pour retenir à sa surface la matière fécondante, d'une certaine quantité de mucosité, qui alors agit sur les grains de pollen comme l'eau.

Tel est la structure du pollen; il était nécessaire d'entrer dans tous ces détails, afin de pouvoir plus tard comprendre l'acte important de la fécondation.

Je vous ai dit que le pollen se présentait quelquefois sous une autre forme; ainsi, par exemple, il n'est pas rare de voir dans les orchidées sortir de l'intérieur de l'anthère une masse de pollen qui présente absolument la même forme que l'anthère; c'est le pollen sous la forme solide; c'est tout simplement un pollen dont les utricules sont soudées entr'elles; quelquefois on aperçoit les espèces de grains qui constituent la masse; c'est ce que nous trouvons dans les orchidées, où les grains sont nus ; mais d'autres fois, dans les asclépiadées, par exemple, les graines sont renfermées dans une petite capsule, au lieu d'être nues.

Nous terminons ici ce que nous avons à dire de l'étamine, et nous allons nous occuper de suite de l'organe sexuel femelle.

Du Pistil.

L'organe sexuel femelle des végétaux s'appelle *pistil ;* comme nous l'avons vu, lorsque nous avons commencé à étudier la fleur, cet organe en occupe constamment le centre ; c'est cet organe qui renferme les germes ; il se compose donc d'un organe creux, qu'on appelle *ovaire ;* au-dessous on trouve un appendice filamenteux ordinairement, c'est le *style*, à la partie supérieure duquel on voit un corps visqueux, inégal, qu'on désigne sous le nom de stigmate ; de ces trois parties qui constituent le pistil, deux seulement sont essentielles, l'ovaire et le stygmate ; et, en effet, il arrive quelquefois que le stygmate est appliqué immédiatement sur l'ovaire. Dans ces cas, le style manque et le stygmate est dit sessile.

De même que dans une fleur il peut y avoir un plus ou moins grand nombre d'étamines, de même il peut y avoir un plus ou moins grand nombre de pistils. Lorsque sur une fleur il y a plusieurs pistils, très-souvent ils sont tous portés sur un corps particulier renflé, comme on le voit dans le genre *fragaria* (fraisier). Ce corps a reçu le nom de *gynophore*. Enfin, il arrive quelquefois que la partie inférieure de l'ovaire s'amincit de manière à former une espèce de pédoncule auquel on a donné le nom de *podogyne*.

Nous avons à considérer dans l'organe sexuel femelle deux parties importantes : 1° la partie inférieure, 2° la partie supérieure.

De l'Ovaire.

L'ovaire, comme nous l'avons vu, occupe la partie inférieure; c'est un corps qui présente des formes variées, mais qui est toujours formé d'une ou de plusieurs loges; quelques plantes ont un ovaire à une seule loge, ce sont alors des ovaires *uniloculaires ;* d'autres fois, au contraire, il y en a deux *biloculaires*, enfin, il peut y en avoir un plus grand nombre, les ovaires sont alors *multiloculaires.*

Le plus ordinairement l'ovaire est globuleux : il en est au contraire de linéaires.

Il est une autre disposition de l'ovaire qui présente beaucoup d'importance; car elle est très-utile pour distinguer certaines plantes : ainsi le plus communément l'ovaire n'a aucune adhérence avec les parties voisines de la fleur, il est *libre* ou *supère*, car dans ce cas il est placé au-dessus des autres parties de la fleur ; mais il y a une autre disposition que l'on rencontre quelquefois : ainsi il arrive qu'en écartant les différentes parties de la fleur on ne voit pas l'ovaire ; il est, dans ce cas, soudé avec la base du calice; il reçoit alors le nom d'ovaire *adhérent* ou *infère*. Cette sorte d'ovaire n'est rien autre chose qu'un ovaire soudé, par toute sa circonférence extérieure, avec le tube du calice.

C'est, je le répète, un caractère d'une haute importance, que celui qu'on peut tirer de cette différence des ovaires infères et des ovaires supères, car elle sert à bien distinguer les familles. Enfin il est d'autres ovaires qu'on a désignés sous le nom d'ovaires pariétaux; cette disposition est constituée par la réunion de plusieurs ovaires placés dans l'intérieur d'un calice tubuleux, et qui ne tiennent que par un corps particulier.

Dans l'intérieur de chaque loge on trouve un nombre plus ou moins considérable d'ovules; ainsi quelquefois il n'y en a qu'une, comme dans le blé; d'autres fois il y en a un très-grand nombre, comme dans le pavot, où il y en a des milliers. Vous verrez par la suite qu'on peut tirer des caractères très-importans de cette considération; mais, cependant, cela ne peut avoir lieu que lorsqu'il n'y en a qu'un petit nombre.

Voyons maintenant à dire quelques mots du style.

Du Style.

C'est le prolongement du sommet de l'ovaire; il est, comme nous l'avons déjà dit, plus ou moins alongé; c'est, du reste, un organe si peu important, qu'il manque quelquefois : dans ce cas le stygmate est sessile, comme dans le pavot : le style est ordinairement très grèle, alongé, filiforme : quelquefois il présente des formes variées ; ainsi il peut être triangulaire, d'autres fois pétaloïde. Quelquefois il est simple, d'autres fois il est plus ou moins profondément divisé ; dans le groseiller à maquereau, il est bifide ; d'autres fois il est partagé en trois, quatre, et quelquefois dix branches ; il y a, alors, autant de stygmates que de divisions du style : il peut naître un nombre variable de styles du sommet du même ovaire ; ainsi, dans les ombellifères, l'ovaire est surmonté de deux styles.

Il arrive quelquefois, et c'est le plus souvent, que le style tombe de bonne heure, après la fécondation ; mais d'autres fois, au contraire, il persiste, et prend un accroissement considérable ; ainsi, dans la clématite, après la fécondation, le style se développe et forme une espèce de plume.

Maintenant deux mots sur l'organe supérieur qui entre dans la composition du pistil.

Du Stygmate.

C'est une partie essentielle du pistil, car c'est sur lui que se déposent les grains de pollen ; c'est sur le stygmate que s'opèrent les phénomènes précurseurs de la fécondation.

Il est ordinairement inégal, enduit de matière visqueuse qui sert à retenir les grains de pollen. La forme du stygmate est très variable : ainsi les uns sont globuleux, couverts de poils ; c'est dans tous les cas un organe formé de petites papilles. Quelquefois le stygmate est formé de petites utricules à nu ; d'autres fois, ces utricules sont, au contraire, recouvertes par une lame d'épiderme : de là, il y a différence dans la manière dont s'opère la fécondation ; enfin, j'ai dit qu'il se présentait sous différentes formes; il peut en arriver autant relativement au nombre.

Linnée s'est même servi de cette considération pour former des familles.

Messieurs, je profite, bien que ce soit m'éloigner de mon sujet, d'une fleur qui se trouve sous mes yeux. Je vous ai dit qu'on regardait les différentes parties de la fleur comme des feuilles modifiées : ici nous en avons une preuve dans une tulipe, et cela se rencontre assez souvent dans cette plante : ainsi quelquefois les feuilles supérieures se changent en pétales; ainsi, dans le cas que nous avons sous les yeux, vous voyez une feuille qui d'un côté a conservé les caractères qui lui sont propres, tandis que de l'autre elle a revêtu les caractères de la fleur.

Voici une autre modification qui confirme ce fait; il y a six étamines dans les liliacées, voici une tulipe dans laquelle nous ne trouvons que cinq étamines, la sixième a revêtu l'apparence foliacée, et ressemble aux divisions du périanthe; j'anticipe ici sur ce que je vous dirai plus tard au sujet de l'origine des parties de la fleur, mais je devais profiter de l'occasion que nous ont offerte ces deux tulipes.

SEIZIÈME LEÇON.

14 mai 1836.

Messieurs,

Nous nous sommes occupés, dans notre dernière leçon, de la structure du pistil, et nous avons ainsi complété l'étude de la fleur complexe; nous connaissons donc toutes les parties constituantes de la fleur. Mais nous savons que la fleur peut exister sans être ainsi composée; ainsi, par exemple, si nous faisons l'analyse de certaines fleurs, en procédant toujours, comme nous vous l'avons dit, du centre à la circonférence, nous trouvons bien que le centre est occupé par l'organe sexuel femelle ou le pistil, puis nous trouvons autour de cet organe une autre série que nous reconnaissons seulement aux caractères qu'elle présente pour être la corolle; enfin au dehors nous trouvons le calice; mais dans cette fleur nous n'avons pas trouvé d'étamines; ainsi donc il n'y a pas d'organe sexuel mâle dans cette fleur, c'est là ce qu'on appelle fleur femelle. Dans d'autres, au contraire, nous trouverons seulement des organes mâles : tel est le *lichnis dioïca*.

Ainsi donc, le plus ordinairement les deux organes sexuels sont réunis sur la même fleur ; les fleurs, et c'est le plus grand nombre, sont hermaphrodites ; mais d'autres fois on ne trouve sur chaque fleur qu'un organe sexuel, et alors la fleur est dite uni-sexuée ; nous avons vu aussi qu'il arrive quelquefois que les enveloppes florales manquent, et que, dans certaines plantes, les organes sexuels sont seulement protégés par une petite écaille ; dans d'autres, il n'y a qu'une seule série d'enveloppes florales.

Bien que nous ayons étudié les différentes parties qui, par leur réunion, constituent une fleur complexe, on rencontre encore quelquefois d'autres organes qui ne sont qu'accessoires à cette partie de la plante, et nous allons nous en occuper ; ainsi nous allons parler d'abord du réceptacle, nous étudierons ensuite les nectaires, les disques, et enfin nous nous occuperons des différens modes d'insertion des étamines ; car cette insertion est de la plus haute importance dans la classification des végétaux en familles et en genres.

Du Réceptacle.

On nomme ainsi le point où toutes les parties qui constituent la fleur sont attachées; c'est à proprement parler le sommet du pédoncule de la fleur : ainsi, en coupant longitudinalement une fleur, on voit le réceptacle qui fait quelquefois saillie; d'autres fois, au contraire, le réceptacle est à peine apparent.

Mais on a beaucoup étendu cette signification;

et l'on s'en est servi pour distinguer aussi les parties qui donnent insertion à un plus ou moins grand nombre de fleurs, comme dans le mode d'inflorescence que nous avons désigné par les mots de *fleurs en capitule*, comme dans les synanthérées; je vous ai dit qu'on le nommait *forante*, *forantium*. Ce réceptacle peut présenter des formes tellement variées, qu'il est quelquefois très-difficile de le reconnaître Ainsi quelquefois il est plane, d'autres fois un peu concave, etc.; mais il y a certaines plantes dans lesquelles il serait presqu'impossible de reconnaître pour des forantes certains organes sur lesquels sont les fleurs; ainsi, par exemple, dans la *figue*, la partie charnue n'est rien autre chose qu'un véritable réceptacle : si on la coupe longitudinalement, on trouve intérieurement une cavité remplie de petits organes, placés les uns au-dessus des autres ; ceux qui occupent la partie supérieure sont des étamines, et ceux qui sont placés inférieurement sont des pistils; certes, il est difficile de trouver de l'analogie entre cette sorte de réceptacle, ainsi fermé de toutes parts, formant une cavité, et ceux que l'on rencontre le plus communément, comme dans les rosacées, les synanthérées; mais il y a quelques plantes de la famille des urticées, dans lesquelles on trouve des réceptacles qui peuvent servir de transition entre les deux dont nous venons de parler : c'est celui que l'on trouve par exemple dans l'*ambora*, qui est concave, et ressemble à une coupe. Ainsi nous voyons déjà qu'on distingue deux parties sous la dénomination de réceptacle : un réceptacle commun, celui qui donne insertion à un plus ou moins grand nombre de fleurs ; et un réceptacle propre, celui qui donne insertion aux parties qui constituent la fleur. Il ne faut pas croire que quelque peu proéminent que soit le réceptacle, on ne doive pas le regarder comme tel ; la fleur, comme nous vous l'avons dit, n'est qu'un simple bourgeon ; nous avons vu, en étudiant la disposition des feuilles, que ces organes étaient placés en forme de spirale. Eh bien ! il faut considérer l'extrémité du pédoncule comme un rameau très déprimé, en sorte que les différentes spirales formées par les organes floraux, se trouvent très rapprochées les unes des autres.

Bien que souvent le pédoncule ne présente pas de proéminence, dans d'autres cas, au contraire, il forme une saillie considérable : ainsi, en coupant transversalement une fleur de fraisier, on trouve une saillie qui porte les pistils, et autour nous trouvons les étamines ; ce réceptacle est le *gynophore* ; c'est un réceptacle faisant saillie, et donnant insertion aux organes sexuels femelles. Il est une autre espèce de réceptacle que l'on observe dans les *magnolia* ; il présente la disposition suivante : au-dessus du calice on trouve une saillie qui porte supérieurement les organes sexuels femelles, les pistils, et on trouve rangés inférieurement les organes sexuels mâles, les étamines ; cette espèce de réceptacle a reçu le nom de *gynandrophore*. Enfin, quand vous ouvrirez une fleur d'*œillet*, de *lichnis*, vous trouverez une autre

www.ingramcontent.com/pod-product-compliance
Ingram Content Group UK Ltd.
Pitfield, Milton Keynes, MK11 3LW, UK
UKHW021155260726
13994UKWH00001B/484

9 782329 318189